Utilize este código QR para se cadastrar de forma mais rápida:

Ou, se preferir, entre em:
https://www.moderna.com.br/ac/livroportal
e siga as instruções para ter acesso aos conteúdos exclusivos do
Livro Digital

CÓDIGO DE ACESSO:
A 00218 GRFUF14E 1 39050

Faça apenas um cadastro. Ele será válido para:

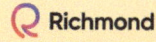

SANTILLANA EDUCAÇÃO   Richmond   SANTILLANA ESPAÑOL

Da semente ao livro,
sustentabilidade por todo o caminho

Plantar florestas
A madeira que serve de matéria-prima para nosso papel vem de plantio renovável, ou seja, não é fruto de desmatamento. Essa prática gera milhares de empregos para agricultores e ajuda a recuperar áreas ambientais degradadas.

Fabricar papel e imprimir livros
Toda a cadeia produtiva do papel, desde a produção de celulose até a encadernação do livro, é certificada, cumprindo padrões internacionais de processamento sustentável e boas práticas ambientais.

Criar conteúdos
Os profissionais envolvidos na elaboração de nossas soluções educacionais buscam uma educação para a vida pautada por curadoria editorial, diversidade de olhares e responsabilidade socioambiental.

Construir projetos de vida
Oferecer uma solução educacional Moderna é um ato de comprometimento com o futuro das novas gerações, possibilitando uma relação de parceria entre escolas e famílias na missão de educar!

MODERNA

Apoio: TWO SIDES
www.twosides.org.br

Fotografe o Código QR e conheça melhor esse caminho.
Saiba mais em *moderna.com.br/sustentavel*

DOUGLAS TUFANO

Licenciado em Letras e Pedagogia pela Universidade de São Paulo.
Professor do Ensino Fundamental e do Médio em escolas da rede pública e particulares do estado de São Paulo por 25 anos.
Autor de várias obras didáticas para o ensino da língua portuguesa no Ensino Fundamental e no Médio.

GRAMÁTICA FUNDAMENTAL

1

Ensino Fundamental

DE ACORDO COM A BNCC

4ª edição

MODERNA

© Douglas Tufano, 2020

MODERNA

Coordenação editorial: Marisa Martins Sanchez
Edição de texto: Christina Binato, Claudia Padovani, Maria Gabriela Moreira Pagliaro
Gerência de *design* e produção gráfica: Everson de Paula
Coordenação de produção: Patricia Costa
Gerência de planejamento editorial: Maria de Lourdes Rodrigues
Coordenação de *design* e projetos visuais: Marta Cerqueira Leite
Projeto gráfico: Bruno Tonel, Mariza de Souza Porto
Capa: Ana Carolina Orsolin, Bruno Tonel
    Ilustração: Marilia Pirillo
Edição de arte: Glauber Benevenuto, Mônica Maldonado
Editoração eletrônica: Setup Bureau Editoração Eletrônica
Coordenação de revisão: Maristela S. Carrasco
Revisão: Ana Maria C. Tavares, Cecília Oku, Leila dos Santos, Mônica Surrage, Renata Brabo, Rita de Cássia Sam, Tatiana Malheiro, Vânia Bruno
Coordenação de pesquisa iconográfica: Luciano Baneza Gabarron
Pesquisa iconográfica: Cristina Mota, Márcia Sato
Coordenação de *bureau*: Rubens M. Rodrigues
Tratamento de imagens: Ademir Francisco Baptista, Joel Aparecido, Luiz Carlos Costa, Marina M. Buzzinaro
Pré-impressão: Alexandre Petreca, Everton L. de Oliveira, Marcio H. Kamoto, Vitória Sousa
Coordenação de produção industrial: Wendell Monteiro
Impressão e acabamento: HRosa Gráfica e Editora
Lote: 781363
Cod: 24123376

Dados Internacionais de Catalogação na Publicação (CIP)
(Câmara Brasileira do Livro, SP, Brasil)

```
Tufano, Douglas
   Gramática fundamental / Douglas Tufano. --
4. ed. -- São Paulo : Moderna, 2020.

   Obra em 5 volumes do 1º ao 5º ano.

   1. Português (Ensino fundamental) 2. Português -
Gramática (Ensino fundamental) I. Título.

20-33441                              CDD-372.61
```

Índices para catálogo sistemático:

1. Gramática : Português : Ensino fundamental   372.61

Maria Alice Ferreira - Bibliotecária - CRB-8/7964

ISBN 978-85-16-12337-6 (LA)
ISBN 978-85-16-12338-3 (LP)

Reprodução proibida. Art. 184 do Código Penal e Lei 9.610 de 19 de fevereiro de 1998.
Todos os direitos reservados
EDITORA MODERNA LTDA.
Rua Padre Adelino, 758 – Belenzinho
São Paulo – SP – Brasil – CEP 03303-904
Vendas e Atendimento: Tel. (0_ _11) 2602-5510
Fax (0_ _11) 2790-1501
www.moderna.com.br
2023
Impresso no Brasil

1 3 5 7 9 10 8 6 4 2

PARA VOCÊ

OLÁ!

ESTE LIVRO FOI FEITO PARA AJUDÁ-LO A LER E A ESCREVER CADA VEZ MELHOR.

NELE, HÁ TEXTOS INTERESSANTES E MUITAS ATIVIDADES PARA VOCÊ APRENDER DE FORMA AGRADÁVEL E DIVERTIDA.

ESPERO QUE GOSTE DESTE LIVRO, QUE FOI PRODUZIDO COM MUITO CARINHO ESPECIALMENTE PARA VOCÊ!

UM ABRAÇO DO SEU AMIGO

DOUGLAS TUFANO

NOME: _____

_____

ESCOLA: _____

_____

VEJA COMO É O SEU LIVRO...

EM CADA **CAPÍTULO**, CONTEÚDOS DE **GRAMÁTICA** E DE **ORTOGRAFIA** FEITOS PARA VOCÊ APRENDER COM FACILIDADE.

COM **ATIVIDADES INTELIGENTES E DIVERTIDAS**, FICA MAIS GOSTOSO ESTUDAR!

NA **REVISÃO**, VOCÊ RETOMA OS CONTEÚDOS ESTUDADOS.

PARA RELAXAR UM POUCO, **HORA DE BRINCAR**! MAS TAMBÉM DE CONTINUAR APRENDENDO.

E MAIS! **HISTÓRIAS BEM ILUSTRADAS**, COM ATIVIDADES VARIADAS, PARA VOCÊ LER E SE DIVERTIR.

ESTE ÍCONE INDICA QUE A ATIVIDADE É ORAL

SUMÁRIO

ALFABETARIA

1 — **AS LETRAS E O ALFABETO** 10
MEU NOME 10
BRINCANDO E APRENDENDO 17

2 — **VOGAIS E CONSOANTES** 18
UM ELEFANTE DANÇARINO 18
BRINCANDO E APRENDENDO 23

3 — **ENCONTRO VOCÁLICO** 24
MEUS AMIGOS E EU 24
BRINCANDO E APRENDENDO 27

4 — **SÍLABA** 28
GATO NO SAPATO 28
BRINCANDO E APRENDENDO 31

5 — **B / P** 32
PETECA 32
BRINCANDO E APRENDENDO 35

6 — **D / T** 36
TATU-BOLA 36
BRINCANDO E APRENDENDO 39

7 — **C / G** 40
O GATO E A GOTA 40
BRINCANDO E APRENDENDO 43

8 — **F / V** 44
A FILA NA VILA 44
BRINCANDO E APRENDENDO 49

9 — **ENCONTRO CONSONANTAL: BL, CL, FL, GL, PL, TL** 50
FLORES DE TODAS AS CORES 50
BRINCANDO E APRENDENDO 53

10 **ENCONTRO CONSONANTAL: BR, CR, DR, FR, GR, PR, TR, VR** 54
CAVALINHOS 54

BRINCANDO E APRENDENDO 58

REVISÃO 59

HORA DA HISTÓRIA 64
O PATINHO FEIO, RENATA TUFANO 64

GRAMÁTICA E ORTOGRAFIA

11 **TIL** 68
O REI LEÃO 68

S, SS, S COM SOM DE Z 71
COISA BOA 71

BRINCANDO E APRENDENDO 75

12 **ACENTO AGUDO** 76
CARINHO 76

R, RR, R ENTRE VOGAIS 79
A ARANHA E O JARRO 79

BRINCANDO E APRENDENDO 83

13 **ACENTO CIRCUNFLEXO** 84
UM VOVÔ GENTIL 84

H INICIAL 88
HOJE É DIA DE FESTA! 88

BRINCANDO E APRENDENDO 91

14 **SINÔNIMO** 92
BONITAS E ALEGRES 92

CH 96
A MOCHILA DO SEU CHICO 96

BRINCANDO E APRENDENDO 101

15 **ANTÔNIMO** 102
TRISTE E ALEGRE 102

NH 108
GALINHA ASSUSTADA 108

BRINCANDO E APRENDENDO 112

REVISÃO 113

HORA DA HISTÓRIA 120
A FORMIGA E A POMBA, RENATA TUFANO 120

SUMÁRIO

16
VÍRGULA E PONTO-FINAL 124
A URSA E OS URSINHOS 124

LH 128
ERA UMA VEZ 128

BRINCANDO E APRENDENDO 133

17
PONTO DE INTERROGAÇÃO 134
O QUE VOCÊ QUER SER? 134

X COM SOM DE CH 138
O GATO XODÓ 138

BRINCANDO E APRENDENDO 141

18
PONTO DE EXCLAMAÇÃO 142
QUE CALOR! 142

CE, CI 145
LÁ EM CIMA 145

BRINCANDO E APRENDENDO 151

19
SUBSTANTIVO COMUM 152
MOCHILA DE ESCOLA 152

CEDILHA 156
MINDUIM 156

BRINCANDO E APRENDENDO 161

20
SUBSTANTIVO PRÓPRIO 162
FABIANA E BILU 162

GE, GI 167
GISELE E GISELINHA 167

BRINCANDO E APRENDENDO 172

REVISÃO 174

HORA DA HISTÓRIA 180
A TARTARUGA E A LEBRE, RENATA TUFANO 180

21
MASCULINO E FEMININO 184
ALEGRIA 184

GUE, GUI 188
QUE BARULHO! 188

GUA 192
O GUARDA-CHUVA DO GUARDA 192

BRINCANDO E APRENDENDO 193

22

SINGULAR E PLURAL 194
FILHOTES GOSTAM DE BRINCAR 194

QUE, QUI 198
ESQUISITICES 198

QUA 201
ASSIM ASSADO 201

BRINCANDO E APRENDENDO 203

23

AUMENTATIVO E DIMINUTIVO 204
GRANDÃO E PEQUENINO 204

M ANTES DE *B* E *P* 208
BAMBI E SEUS COMPANHEIROS 208

BRINCANDO E APRENDENDO 211

24

ADJETIVO 212
UMA FESTA COLORIDA 212

SONS DO *X* 217
QUEM MANDOU MEXER COM O CACHORRO? 217

BRINCANDO E APRENDENDO 221

25

VERBO 222
O PALHAÇO PIOLIM 222

K, W, Y - LETRAS ESPECIAIS 227
ARTISTAS DE CIRCO 227

BRINCANDO E APRENDENDO 231

REVISÃO 232

HORA DA HISTÓRIA 236
O LEÃO E O RATINHO, RENATA TUFANO 236

ADESIVOS 242

1

ALFABETARIA

▸ AS LETRAS E O ALFABETO

MEU NOME

EU ME CHAMO TIAGO.
MEU NOME TEM CINCO LETRAS DIFERENTES.
T I A G O
E VOCÊ, COMO SE CHAMA?

QUANDO FALAMOS, USAMOS **SONS**.
QUANDO ESCREVEMOS, USAMOS **LETRAS**.

ATIVIDADES

1. COPIE AS LETRAS QUE FORMAM O NOME DE CADA CRIANÇA.

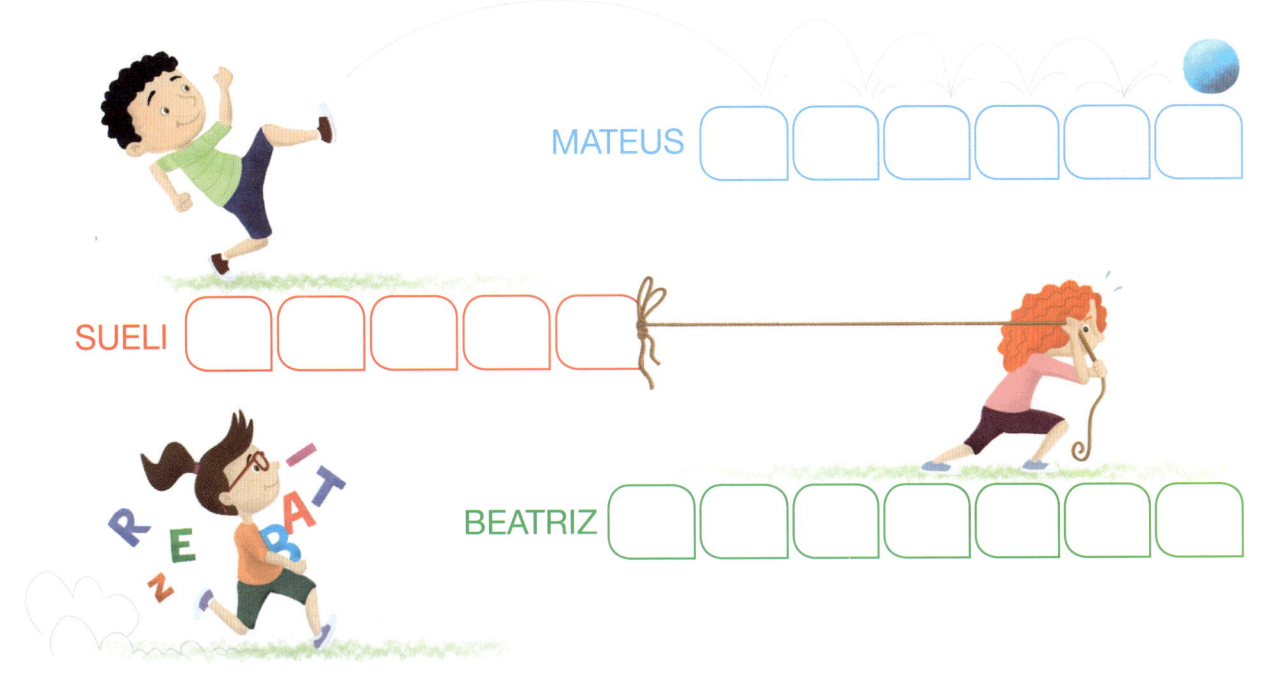

MATEUS

SUELI

BEATRIZ

2. LEIA EM VOZ ALTA AS LETRAS DE CADA PILHA DE BLOCOS.

Pilha 1: P, G, P, E, A, N
Pilha 2: F, J, M, O, A, F
Pilha 3: L, K, S, V, R, I
Pilha 4: U, T, C, D, C, A

- CIRCULE AS PILHAS DE BLOCOS QUE TÊM LETRAS REPETIDAS.

3. PINTE O PALHACINHO QUE É DIFERENTE DOS OUTROS.

| A | B | C | D |

- QUE LETRA ACOMPANHA O PALHACINHO QUE VOCÊ PINTOU? ☐

4. ENCONTRE NO QUADRO A LETRA QUE COMPLETA CADA PALAVRA.

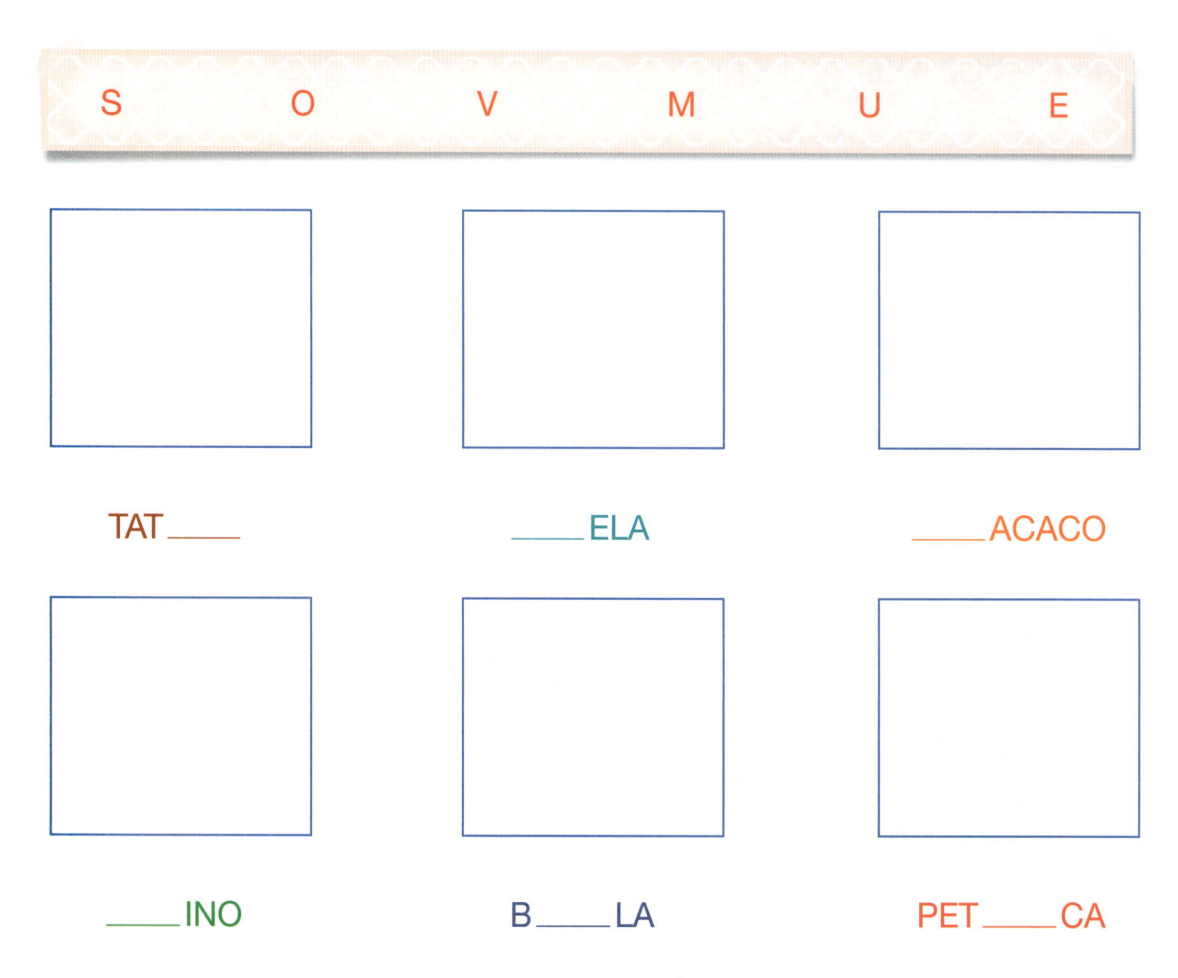

S   O   V   M   U   E

TAT____   ____ELA   ____ACACO

____INO   B____LA   PET____CA

- AGORA, COLE OS ADESIVOS DA PÁGINA 242 NOS LUGARES CERTOS.

AS LETRAS QUE USAMOS PARA ESCREVER FORMAM O **ALFABETO**.
O NOSSO ALFABETO TEM 26 LETRAS.
AS LETRAS PODEM SER MAIÚSCULAS OU MINÚSCULAS.

ALFABETO EM **LETRAS MAIÚSCULAS**

A B C D E F G H I J K L M N O P Q R S T U V W X Y Z

ALFABETO EM **LETRAS MINÚSCULAS**

a b c d e f g h i j k l m n o p q r s t u v w x y z

AS LETRAS DO ALFABETO SEGUEM UMA ORDEM.
ESSA ORDEM É CHAMADA DE **ORDEM ALFABÉTICA**.

5. COPIE AS LETRAS NA ORDEM ALFABÉTICA.

6. COMPLETE O ALFABETO ILUSTRADO COM OS ADESIVOS DA PÁGINA 243. CONSIDERE A PRIMEIRA LETRA DE CADA PALAVRA.

7. PINTE COM A MESMA COR AS PEÇAS EM QUE AS PALAVRAS COMEÇAM COM AS MESMAS LETRAS.

PIPA	FOGO	SOL	BOTA
FOTO	BOI	SAPO	PENA
		PATO	LUVA
		LUA	BICO

8. ESCREVA O SEU PRIMEIRO NOME.

_____

- QUANTAS LETRAS TEM SEU NOME?
- QUAL É A PRIMEIRA LETRA DO SEU NOME?
- QUAL É A ÚLTIMA LETRA DO SEU NOME?

9. NA ORDEM ALFABÉTICA, QUE LETRA VEM DEPOIS?

- DEPOIS DE **A** VEM ____.
- DEPOIS DE **M** VEM ____.
- DEPOIS DE **C** VEM ____.
- DEPOIS DE **P** VEM ____.
- DEPOIS DE **F** VEM ____.
- DEPOIS DE **U** VEM ____.

10. COPIE NO ☐ A LETRA **AZUL** DE CADA PALAVRA.

1. MA**C**ACO ☐
2. C**A**SA ☐
3. CA**M**A ☐
4. P**E**TECA ☐
5. BO**L**A ☐
6. NAVI**O** ☐

- AGORA, SIGA A NUMERAÇÃO E DESCUBRA O NOME DE UM ANIMAL QUE PODE FICAR ATÉ 20 DIAS SEM BEBER ÁGUA, MAS, QUANDO BEBE, CHEGA A TOMAR ATÉ 100 LITROS DE UMA VEZ!

☐ ☐ ☐ ☐ ☐ ☐
1 2 3 4 5 6

BRINCANDO E APRENDENDO

AJUDE O SAPINHO A ATRAVESSAR O RIO ESCREVENDO NAS PLANTINHAS AS LETRAS QUE FALTAM PARA COMPLETAR O ALFABETO.

2

▸ VOGAIS E CONSOANTES

UM ELEFANTE DANÇARINO

ERA UMA VEZ
UM ELEFANTE DIFERENTE,
FICAVA NA PONTA DOS PÉS
E DANÇAVA QUE NEM GENTE.

U M   E L E F A N T E   D A N Ç A R I N O

VOGAIS

A E I O U

ESSAS LETRAS SÃO CHAMADAS DE **VOGAIS**. TODAS AS PALAVRAS DA LÍNGUA PORTUGUESA TÊM VOGAL.
AS DEMAIS LETRAS DO ALFABETO SÃO CHAMADAS DE **CONSOANTES**.

ATIVIDADES

1. LEIA AS PALAVRAS DOS BALÕES EM VOZ ALTA.

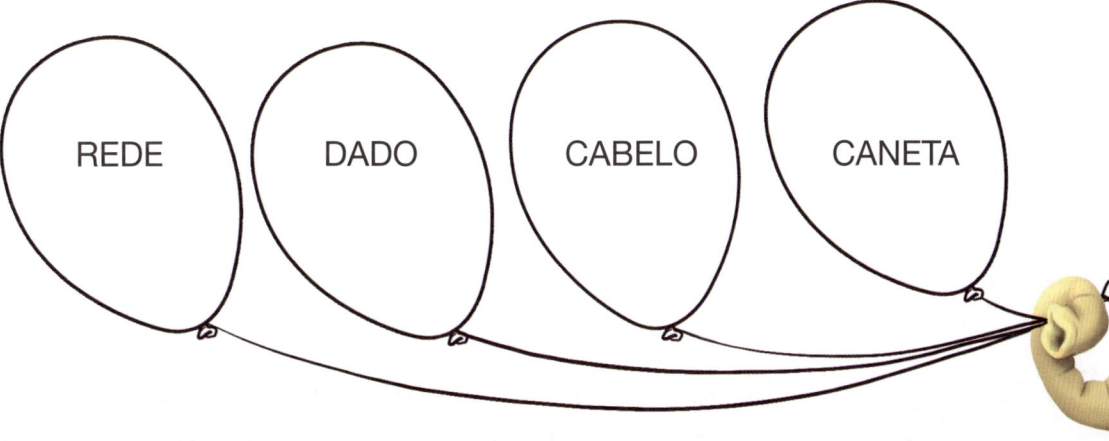

REDE   DADO   CABELO   CANETA

- CIRCULE DE **AZUL** A VOGAL **A** DE CADA PALAVRA.
- CIRCULE DE **VERMELHO** A VOGAL **E** DE CADA PALAVRA.
- PINTE DE **VERDE** O BALÃO DA PALAVRA COM DUAS LETRAS **E**.
- PINTE DE **ROSA** O BALÃO DA PALAVRA COM DUAS LETRAS **A**.
- PINTE DE CORES DIFERENTES OS OUTROS BALÕES.

2. SUBLINHE A VOGAL **O** DOS NOMES DE PESSOAS.

PAULO	☐ UMA VOGAL O	☐ DUAS VOGAIS O
ROBERTO	☐ UMA VOGAL O	☐ DUAS VOGAIS O
JULIANO	☐ UMA VOGAL O	☐ DUAS VOGAIS O
ROSANA	☐ UMA VOGAL O	☐ DUAS VOGAIS O

- AGORA, PINTE O ☐ QUE INDICA A QUANTIDADE DE VOGAL **O** EM CADA NOME.

- COPIE O NOME EM QUE APARECE A VOGAL **I**.

_____

3. PINTE DE **LARANJA** O VAGÃO EM QUE TODAS AS PALAVRAS TÊM A LETRA **U**.

UVA	MURO	RODA
RIO	SUCO	COPO
URSO	CORUJA	URUBU

- AGORA, COMPLETE AS FRASES COM DUAS PALAVRAS DO VAGÃO QUE VOCÊ PINTOU.

TOMEI UM COPO DE _____.

O GATO SOBE NO _____.

- LEIA AS FRASES EM VOZ ALTA.

4. ESCREVA O PRIMEIRO NOME DE UM COLEGA.

_____

- ESCREVA AS VOGAIS QUE HÁ NESSE NOME.

_____

- ESCREVA AS CONSOANTES QUE HÁ NESSE NOME.

_____

5. COMPLETE O NOME DAS FIGURAS USANDO CONSOANTES.

SI____O   ____OLA   PE____ECA   JANE____A

____IANO   GA____O   ____ALO   BONE____A

- AGORA, COMPLETE AS FRASES COM DUAS DESSAS PALAVRAS.

  O _____ MIA.   O _____ CANTA.

- ENCONTRE NA CENA DOIS GATOS E DOIS GALOS QUE ESTÃO ESCONDIDOS.

6. OBSERVE AS FIGURAS DA CRUZADINHA.

- ESCREVA AS VOGAIS QUE FALTAM NO NOME DOS ANIMAIS.

- AGORA, COLE OS ADESIVOS DA PÁGINA 246 NOS LUGARES CERTOS.

BRINCANDO E APRENDENDO

CIRCULE DE **VERMELHO** AS VOGAIS E MARQUE O CAMINHO QUE A FORMIGA DEVE PERCORRER PARA CHEGAR AO FORMIGUEIRO.

3

ENCONTRO VOCÁLICO

MEUS AMIGOS E EU

LÁ VEM O CAIO COM SEU BONÉ,
A BIA COM SUA BOLSINHA,
O MATEUS COM SUA BERMUDA,
E A LAURA COM SUA BOTINHA.

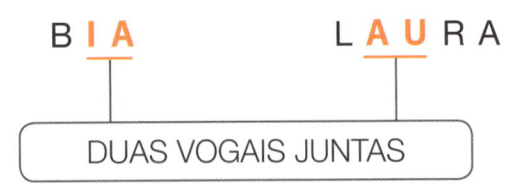

B **IA**   L **AU** R A
DUAS VOGAIS JUNTAS

C **AIO**
TRÊS VOGAIS JUNTAS

QUANDO DUAS OU TRÊS VOGAIS APARECEM JUNTAS EM UMA PALAVRA, ELAS FORMAM UM **ENCONTRO VOCÁLICO**.

ATIVIDADES

1. LEIA AS PALAVRAS EM VOZ ALTA.

BANDEIRA   PEIXE   GAIOLA   TORNEIRA

- CIRCULE O ENCONTRO VOCÁLICO DE CADA PALAVRA.

- COPIE A PALAVRA EM QUE TRÊS VOGAIS SE ENCONTRAM.

_____

2. TROQUE AS FIGURAS PELAS LETRAS E DESCUBRA O NOME DE UMA AVE MUITO BONITA.

A	E	I	O	U	B	D	G	P	M
☼	✹	♦	✦	♠	❄	✹✹	☽	▲	♣

- ESCREVA O NOME QUE VOCÊ DESCOBRIU.

_____

- SUBLINHE O ENCONTRO VOCÁLICO DESSA PALAVRA.

- AGORA, ACABE DE PINTAR O DESENHO.

3. SIGA A NUMERAÇÃO DE 1 A 8 E ESCREVA NOS QUADRINHOS O NOME DE UMA FRUTA.

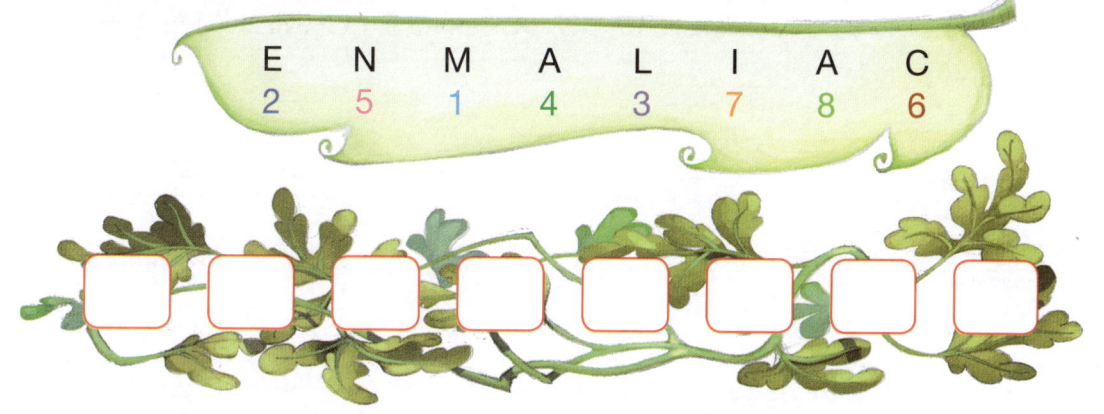

E	N	M	A	L	I	A	C
2	5	1	4	3	7	8	6

- AGORA, CIRCULE O ENCONTRO VOCÁLICO DESSE NOME.

4. COLE OS ADESIVOS DA PÁGINA 247 NA FIGURA CORRESPONDENTE.

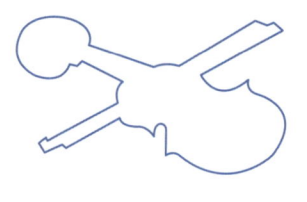

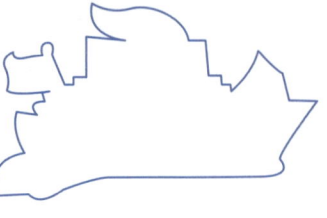

BAL_____   V_____LINO   NAV_____

- AGORA, ESCREVA AS VOGAIS QUE ESTÃO FALTANDO NOS NOMES DESSAS FIGURAS.

- COPIE A PALAVRA QUE É NOME DE ANIMAL.

_____

- COPIE A PALAVRA QUE INDICA UM INSTRUMENTO MUSICAL.

_____

5. LEIA.

C S B T U I M A E G L N O I R

- COPIE AS LETRAS **VERMELHAS** DO QUADRO E FORME UM NOME DE MENINA.

_____

- AGORA, COPIE AS LETRAS **AZUIS** E FORME UM NOME DE MENINO.

_____

- CIRCULE OS ENCONTROS VOCÁLICOS DESSES NOMES.

ILUSTRAÇÕES: VICTOR TAVARES

BRINCANDO E APRENDENDO

COPIE AS LETRAS **VERMELHAS** NAS CASINHAS INDICADAS E DESCUBRA O NOME DO MENINO QUE ESTÁ ANDANDO DE BICICLETA.

SINO   **P**ATO   **N**AVIO
FACA   **B**OTA   **M**OEDA   S**A**PATO

- QUAIS SÃO AS VOGAIS QUE **NÃO** APARECEM NO NOME DO MENINO?

  _____

- COPIE O NOME QUE VOCÊ ENCONTROU E CIRCULE O ENCONTRO VOCÁLICO QUE HÁ NELE.

  _____

- AGORA, TERMINE DE PINTAR A CENA.

ILUSTRAÇÕES: VICTOR TAVARES

4

▸ SÍLABA

GATO NO SAPATO

O GATO SAPECA
ENTROU NO SAPATO
E FOI ANDANDO PELA SALA.
A MENINA LEVOU UM SUSTO
E SAIU CORRENDO:
— SOCORRO! UM SAPATO
ANDANDO SOZINHO!

CÉLIA SIQUEIRA.
TEXTO ESCRITO ESPECIALMENTE PARA ESTA OBRA.

SA PA TO
SÍLABAS

QUANDO FALAMOS A PALAVRA **SAPATO** EM VOZ ALTA, PERCEBEMOS QUE ELA TEM TRÊS PARTES:

SA - PA - TO

CADA PARTE PRONUNCIADA DE UMA PALAVRA RECEBE O NOME DE **SÍLABA**. NÃO HÁ SÍLABA SEM VOGAL.

ATIVIDADES

1. LEIA AS PALAVRAS EM VOZ ALTA E DEVAGAR.

MENINA

GATO

OBA

ABACAXI

- AGORA, ESCREVA AS SÍLABAS DE CADA PALAVRA.

HÁ PALAVRAS QUE TÊM APENAS UMA SÍLABA.

FLOR

REI

2. LEIA AS PALAVRAS EM VOZ ALTA.

LUZ   FIM   OVO   AVE   GOL   UVA

CIRCULE DE **VERMELHO** AS PALAVRAS COM 1 SÍLABA.

CIRCULE DE **VERDE** AS PALAVRAS COM 2 SÍLABAS.

3. OBSERVE AS FIGURAS E ESCREVA A SÍLABA QUE ESTÁ FALTANDO EM CADA PALAVRA.

B O _____ C A

_____ C A C O

_____ J A _____ N E _____

C A _____ L O

_____ M O _____ D A

C A _____ N O _____

4. JUNTE AS SÍLABAS DA MESMA COR E FORME PALAVRAS.

CA   DA
LO   LA   CA   VA
        CO   BE   SA
LO   CA   DA

_____

_____

_____

5. CORTE AS LETRAS **U**, **R**, **S**, **T**. QUE PALAVRA APARECEU?

_____

• QUANTAS SÍLABAS ESSA PALAVRA TEM? ☐ SÍLABAS.

A R V E T U N S I R D T A S

30

BRINCANDO E APRENDENDO

PINTE OS ESPAÇOS MARCADOS COM AS VOGAIS E DESCUBRA UM ANIMALZINHO MUITO BONITO.

A = 🟠   E = ⚫   I = 🔴   O = 🟣   U = 🔵

- AGORA, ESCREVA A LETRA INDICADA DE CADA PALAVRA E FORME O NOME DESSE LINDO ANIMAL.

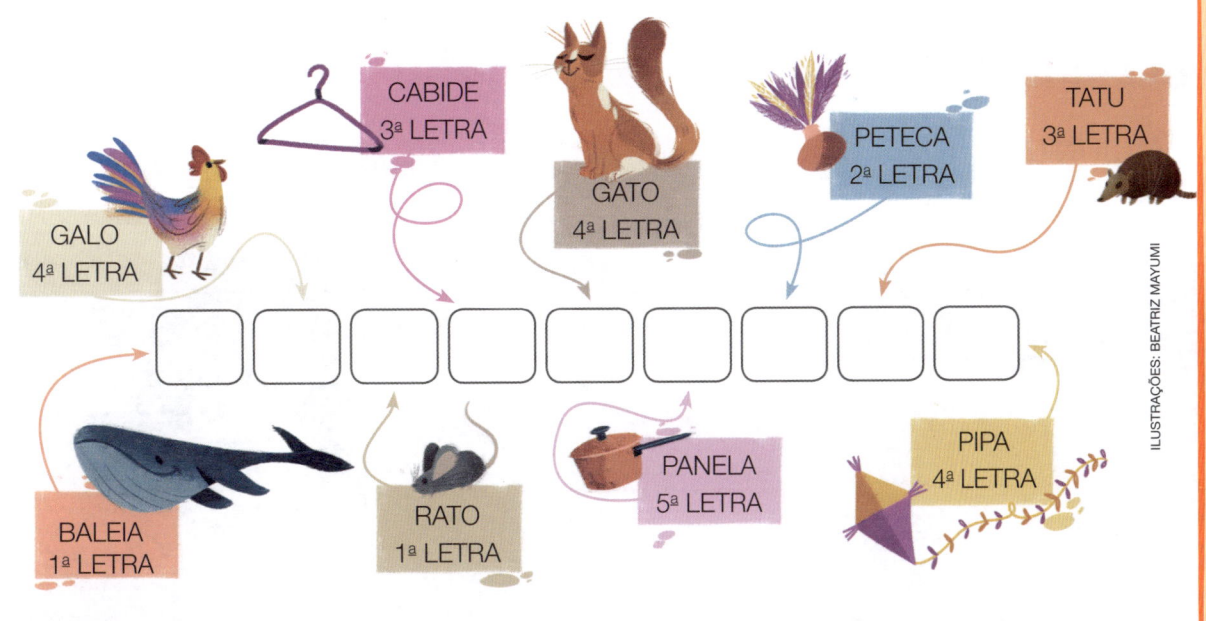

CABIDE 3ª LETRA
GATO 4ª LETRA
PETECA 2ª LETRA
TATU 3ª LETRA
GALO 4ª LETRA
BALEIA 1ª LETRA
RATO 1ª LETRA
PANELA 5ª LETRA
PIPA 4ª LETRA

ILUSTRAÇÕES: BEATRIZ MAYUMI

- COPIE A PALAVRA QUE VOCÊ FORMOU. _____

- ESCREVA AS SÍLABAS DESSA PALAVRA.

31

5

B/P

PETECA

BETE JOGA A PETECA
BIA BATE
BETO REBATE
A PETECA VAI E VOLTA
— CUIDADO! NÃO DEIXE CAIR A PETECA!

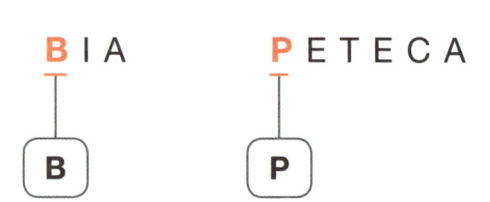

B I A
|
B

P E T E C A
|
P

ATIVIDADES

1. JUNTE A LETRA **B** ÀS VOGAIS E FORME SÍLABAS.

B + A = ___ → ☐ ☐ L A

B + E = ___ → ☐ ☐ T E

B + I = ___ → ☐ ☐ C O

B + O = ___ → ☐ ☐ L O

B + U = ___ → ☐ ☐ L E

- AGORA, COMPLETE AS PALAVRAS COM AS SÍLABAS QUE VOCÊ FORMOU.

BA   BE   BI   BO   BU

2. LIGUE CADA FIGURA A SEU NOME.

BOTA   LOBO   BOLA   BALEIA

- COLE O ADESIVO DA PÁGINA 247 NA CENA. DEPOIS, PINTE A PAISAGEM.

3. JUNTE A LETRA **P** ÀS VOGAIS E FORME SÍLABAS.

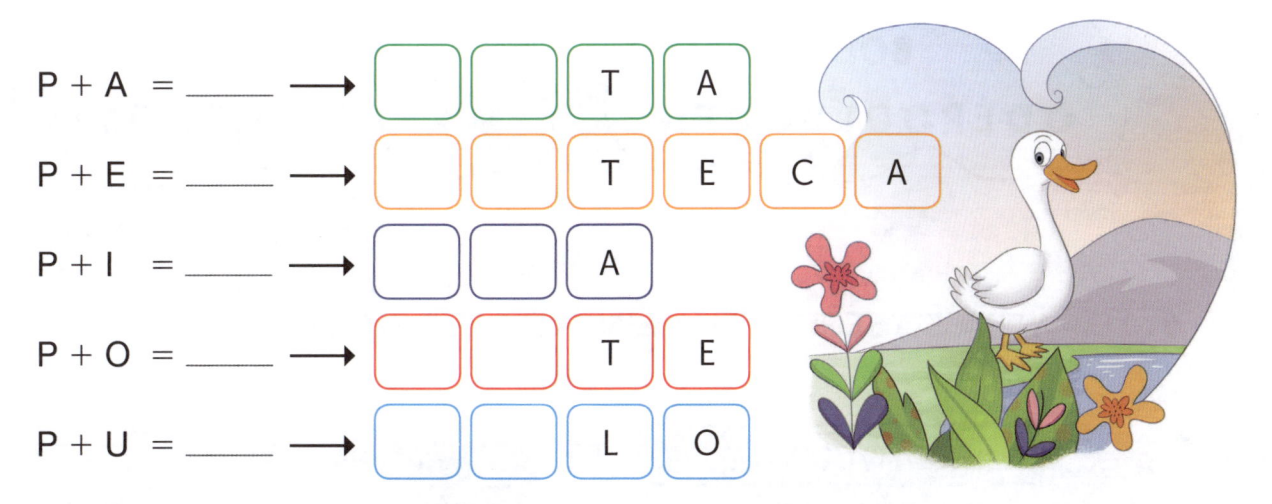

P + A = ____ → ☐ ☐ T A
P + E = ____ → ☐ ☐ T E C A
P + I = ____ → ☐ ☐ A
P + O = ____ → ☐ ☐ T E
P + U = ____ → ☐ ☐ L O

- AGORA, COMPLETE AS PALAVRAS COM AS SÍLABAS QUE VOCÊ FORMOU.

PA   PE   PI   PO   PU

4. LEIA AS PALAVRAS EM VOZ ALTA.

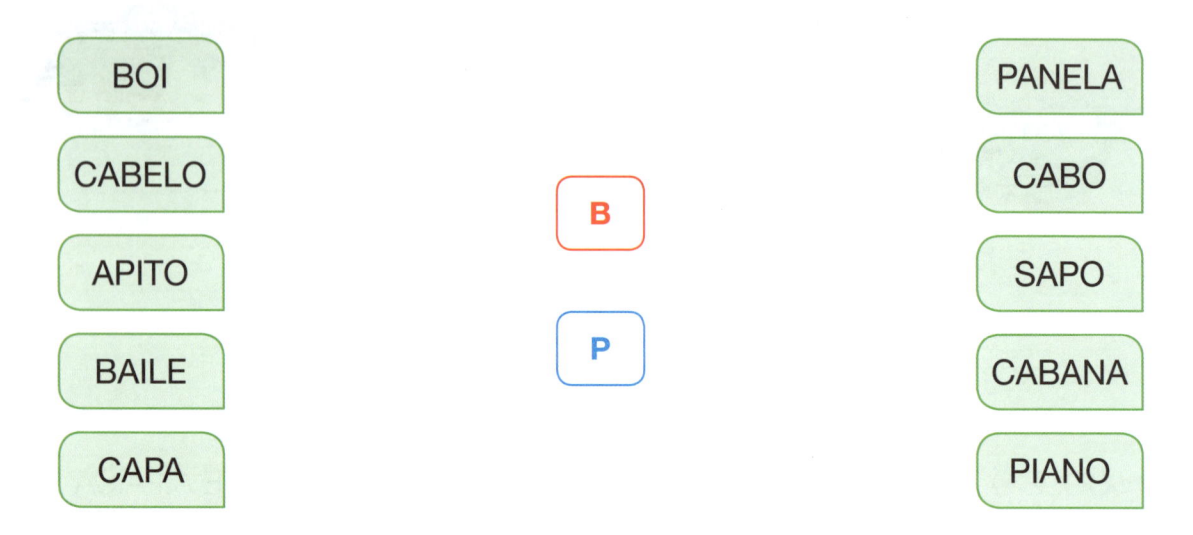

BOI		PANELA
CABELO	**B**	CABO
APITO		SAPO
BAILE	**P**	CABANA
CAPA		PIANO

- LIGUE AS PALAVRAS ÀS LETRAS **B** OU **P**.

5. ENCONTRE A PALAVRA NO QUADRO DE LETRAS E CIRCULE-A.

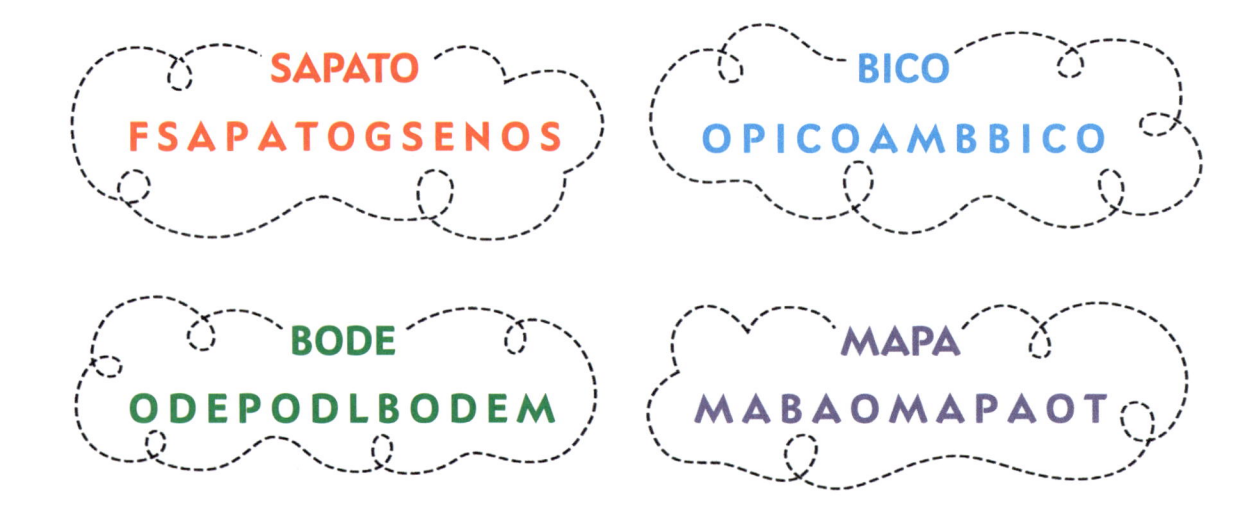

SAPATO
F S A P A T O G S E N O S

BICO
O P I C O A M B B I C O

BODE
O D E P O D L B O D E M

MAPA
M A B A O M A P A O T

6. LEIA A FRASE A SEGUIR EM VOZ ALTA E, DEPOIS, COPIE-A ABAIXO.

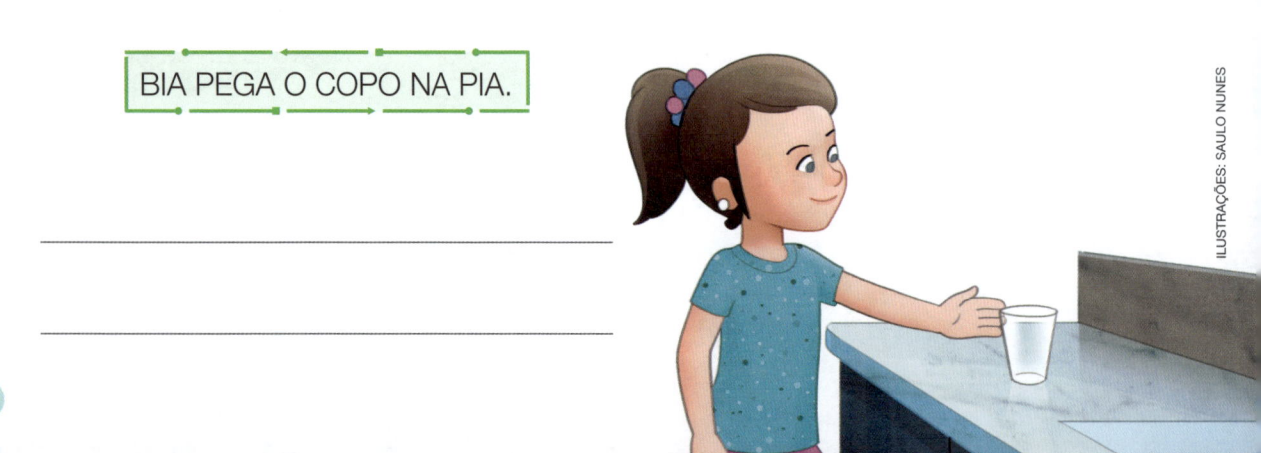

BIA PEGA O COPO NA PIA.

_____

_____

BRINCANDO E APRENDENDO

JUNTE AS LETRAS **VERMELHAS** DAS PALAVRAS SEGUINDO A NUMERAÇÃO E FORME OUTRA PALAVRA.

1. COPO 2. NAVIO 3. LUVA 4. BOCA 5. TATU 6. GATO

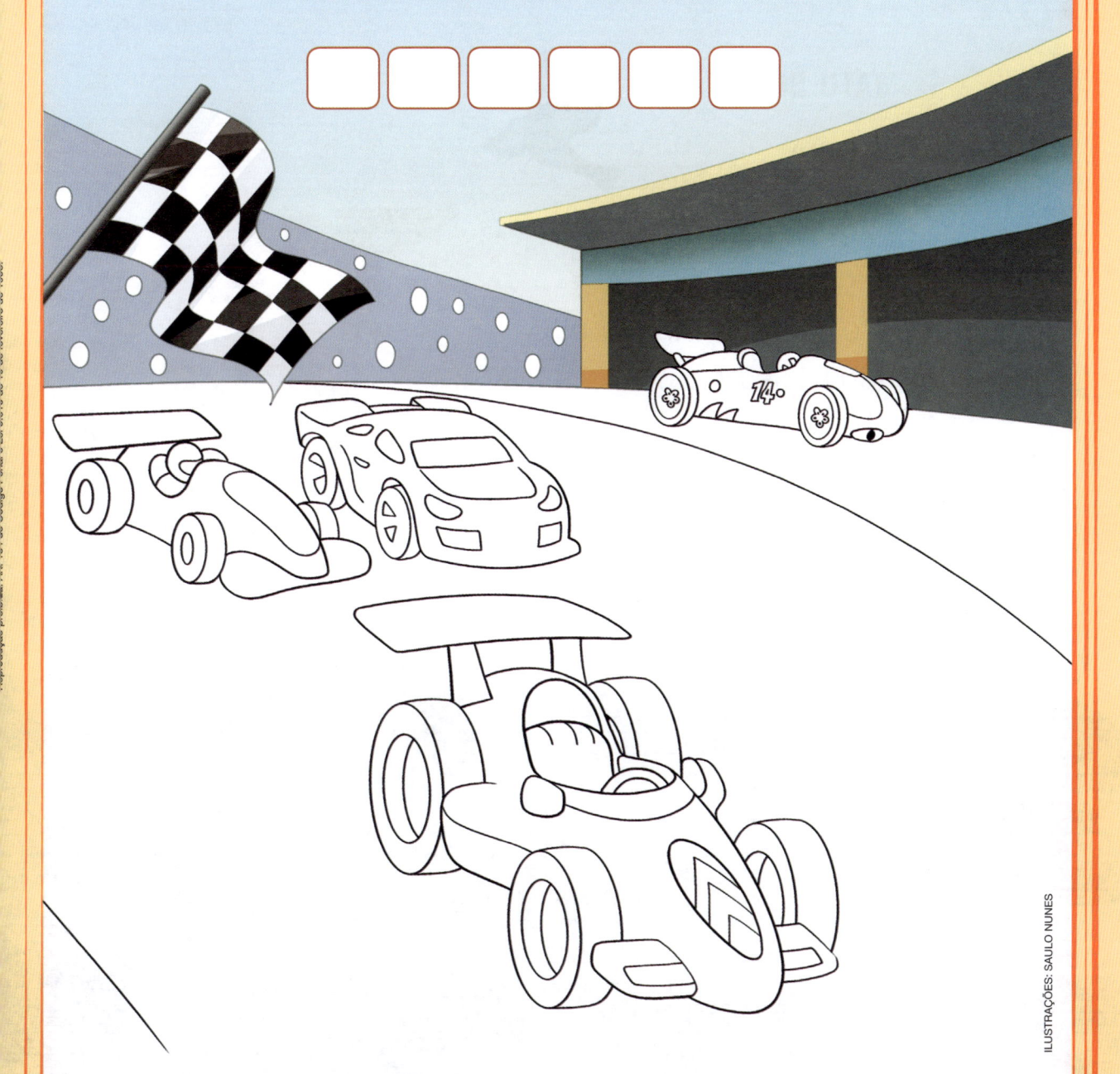

- AGORA, COLE O ADESIVO DA PÁGINA 247 QUE REPRESENTA A PALAVRA QUE VOCÊ FORMOU. DEPOIS, TERMINE DE PINTAR A CENA.

6

D/T

TATU-BOLA

LÁ VAI O TATU-BOLA
COM O SEU TATU-BOLINHA.

— TUDO BEM, SEU TATU? AONDE VAI?
— VOU LEVAR O EDUCADO TATU-BOLINHA
PARA A ESCOLINHA.

(O QUE SERÁ QUE UM TATU-BOLA
ESTUDA NA SUA ESCOLA?)

E **D** U C A **D** O → D

T A **T** U → T

O TATU-BOLA TEM ESSE NOME PORQUE SE FECHA COMO UMA BOLINHA QUANDO SE SENTE EM PERIGO, PROTEGENDO, ASSIM, AS PARTES MOLES DE SEU CORPO.

ATIVIDADES

1. JUNTE A LETRA **D** ÀS VOGAIS E FORME SÍLABAS.

D + A = ____ → ☐ ☐ D O

D + E = ____ → C A B I ☐ ☐

D + I = ____ → ☐ A ☐

D + O = ____ → ☐ ☐ N A

D + U = ____ → E ☐ ☐ C A D O

- AGORA, COMPLETE AS PALAVRAS COM AS SÍLABAS QUE VOCÊ FORMOU.

DA   DE   DI   DO   DU

2. TROQUE A PRIMEIRA LETRA DE CADA PALAVRA POR **D** E FORME NOVAS PALAVRAS.

MEDO _____

LATA _____

LADO _____

PENTE _____

3. COPIE AS LETRAS NOS LOCAIS INDICADOS E FORME O NOME DE UM DOCE.

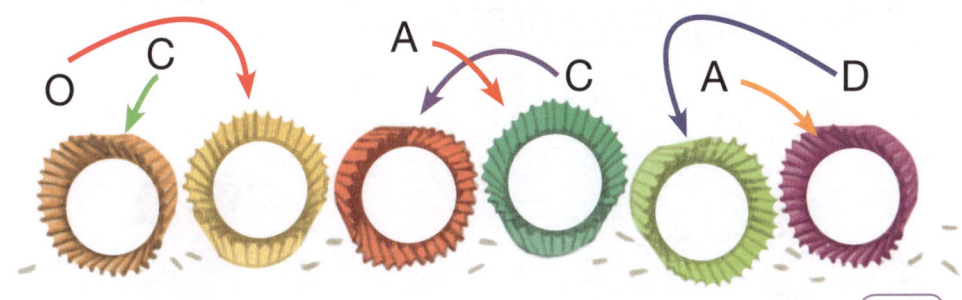

O   C   A   C   A   D

- QUE VOGAL APARECE DUAS VEZES NESSA PALAVRA? ☐
- QUE CONSOANTE SE REPETE NESSA PALAVRA? ☐

4. JUNTE A LETRA **T** ÀS VOGAIS E FORME SÍLABAS.

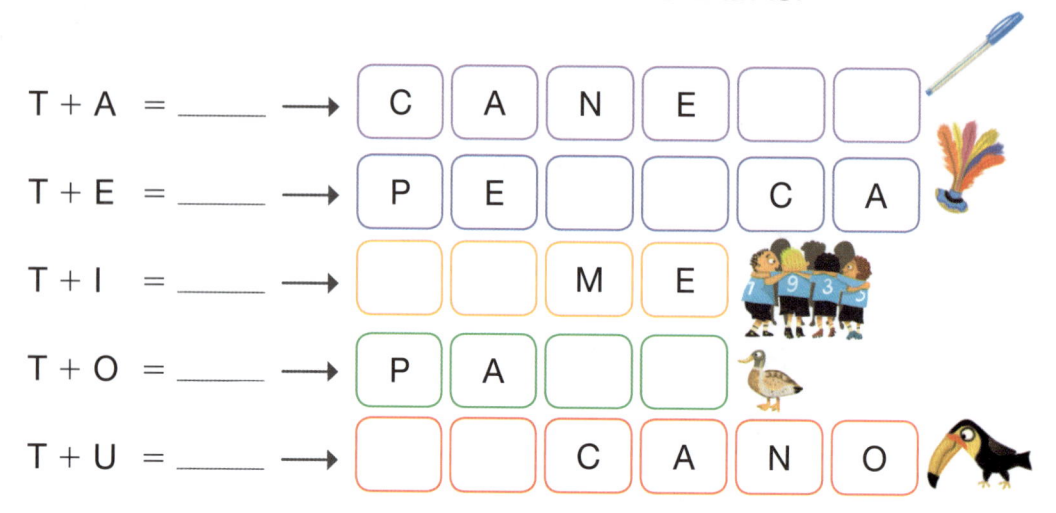

T + A = ____ → | C | A | N | E | | |

T + E = ____ → | P | E | | | C | A |

T + I = ____ → | | | M | E |

T + O = ____ → | P | A | | |

T + U = ____ → | | | C | A | N | O |

- AGORA, COMPLETE AS PALAVRAS COM AS SÍLABAS QUE VOCÊ FORMOU.

TA   TE   TI   TO   TU

5. LEIA AS PALAVRAS EM VOZ ALTA.

CADEADO   MOEDA   TOMATE   MALETA   PIADA   NOTA

SUBLINHE AS PALAVRAS QUE TÊM A LETRA **T**.

CIRCULE AS PALAVRAS QUE TÊM A LETRA **D**.

- EM QUE PALAVRA A LETRA **T** APARECE DUAS VEZES?

_____

6. LIGUE A FIGURA À FRASE QUE A REPRESENTA.

ODETE PULA CORDA.   TADEU NADA.

BRINCANDO E APRENDENDO

COLE OS ADESIVOS DA PÁGINA 250 NAS FIGURAS CORRESPONDENTES.

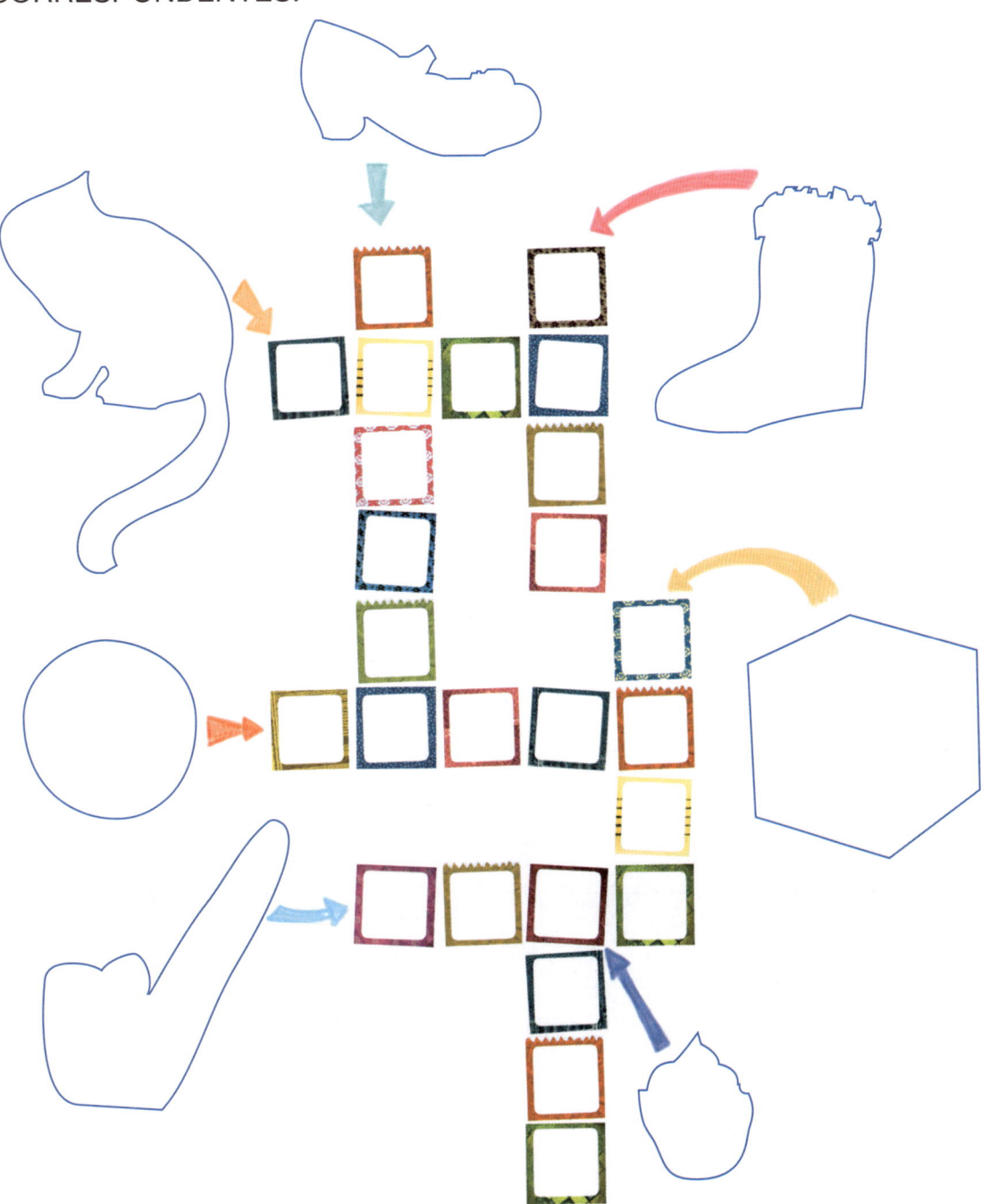

- AGORA, COMPLETE A CRUZADINHA!

7

▶ C/G

O GATO E A GOTA

O GATO GOSTA
DE VER A GOTA
DA CHUVA QUE CAI.
MAS SE A GOTA
CAI NO SEU PELO,

O GATO SE ARREPIA
E MIA E MIA
DE DESGOSTO
DA GOTA
DA CHUVA QUE CAI.

ELIAS JOSÉ. *BICHO QUE TE QUERO LIVRE*.
SÃO PAULO: MODERNA, 2005.

C A I
| C |

G O T A
| G |

ATIVIDADES

1. JUNTE A LETRA **C** ÀS VOGAIS E FORME SÍLABAS.

C + A = _____ → ☐ ☐ B E L O

C + O = _____ → ☐ ☐ E L H O

C + U = _____ → ☐ ☐ T I A

- AGORA, COMPLETE AS PALAVRAS COM AS SÍLABAS QUE VOCÊ FORMOU.

CA   CO   CU

2. ESCREVA O NOME DE CADA FIGURA.

_____   _____

- AGORA, PINTE AS FIGURAS.

3. JUNTE A LETRA **G** ÀS VOGAIS E FORME SÍLABAS.

G + A = _____ → ☐ ☐ T O

G + O = _____ → L A ☐ ☐

G + U = _____ → C A N ☐ ☐ R U

- AGORA, COMPLETE AS PALAVRAS COM AS SÍLABAS QUE VOCÊ FORMOU.

GA   GO   GU

4. JUNTE AS SÍLABAS DA MESMA COR E FORME PALAVRAS.

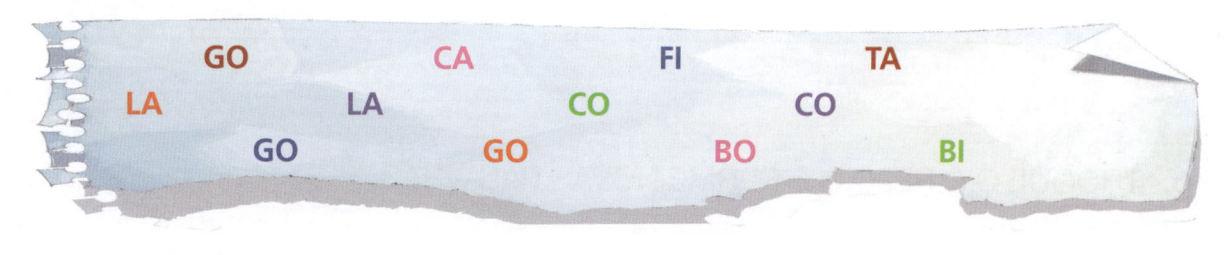

GO   CA   FI   TA
LA   LA   CO   CO
GO   GO   BO   BI

_____

_____

5. COMPLETE AS PALAVRAS COM **CA** OU **GA**.

____DERNO   FORMI____   ____VALO   ____IOLA

____BIDE   ____LINHA   ____DEIRA   ____VETA

- COPIE AS DUAS PALAVRAS QUE TÊM ENCONTRO VOCÁLICO.

  _____

- COPIE AS PALAVRAS QUE TÊM TRÊS VOGAIS DIFERENTES.

  _____

6. TROQUE O **C** PELO **G** E FORME NOVAS PALAVRAS.

COLA → _____   CALO → _____

- LEIA EM VOZ ALTA AS QUATRO PALAVRAS.

42

BRINCANDO E APRENDENDO

VEJA QUE BIGODE ENGRAÇADO!

- AGORA, É SUA VEZ! DESENHE BIGODES ENGRAÇADOS NOS RAPAZES.

- COPIE AS LETRAS NOS LOCAIS INDICADOS E FORME UMA PALAVRA.

G | O | I | B | U | D | D | O

- COPIE A PALAVRA QUE VOCÊ FORMOU.

_____

8

▶ **F/V**

A FILA NA VILA

LÁ NA VILA DAS FORMIGAS
ELAS ANDAM SEMPRE EM FILA,
É UM TAL DE VAI E VEM, VAI E VEM.
A FILA DO FORMIGUEIRO,
DE LONGE, PARECE UM TREM
ANDANDO, ANDANDO O DIA INTEIRO!

ILUSTRAÇÕES: SIMONE ZIASCH

FILA
F

VILA
V

ATIVIDADES

1. JUNTE A LETRA **F** ÀS VOGAIS E FORME SÍLABAS.

F + A = _____ → ☐ ☐ C A

F + E = _____ → ☐ ☐ R A

F + I = _____ → ☐ ☐ L A

F + O = _____ → ☐ ☐ T O

F + U = _____ → ☐ ☐ R O

- AGORA, COMPLETE AS PALAVRAS COM AS SÍLABAS QUE VOCÊ FORMOU.

FA   FE   FI   FO   FU

2. TROQUE A VOGAL **VERMELHA** POR OUTRA E FORME O NOME DE UM ANIMAL DE HÁBITOS AQUÁTICOS E TERRESTRES.

F**A**CA → F____CA

- AGORA, COLE O ADESIVO DA PÁGINA 251 AQUI E ACABE DE PINTAR A CENA.

ILUSTRAÇÕES: SIMONE ZIASCH

3. JUNTE AS SÍLABAS E FORME PALAVRAS.

FI + NO → ☐
FI + TA → ☐
FI + LA → ☐

FO + NE → ☐
FO + GO → ☐
FO + CA → ☐

- COMPLETE CADA FRASE COM UMA PALAVRA QUE VOCÊ FORMOU.

FABIANA TEM UMA _____ NO CABELO.

O BOMBEIRO APAGOU O _____.

4. JUNTE A LETRA **V** ÀS VOGAIS E FORME SÍLABAS.

V + A = ____ → ☐ ☐ C A

V + E = ____ → ☐ ☐ L A

V + I = ____ → ☐ O L I N O

V + O = ____ → ☐ A R

V + U = ____ → ☐ ☐ L C Ã O

- AGORA, COMPLETE AS PALAVRAS COM AS SÍLABAS QUE VOCÊ FORMOU.

VA   VE   VI   VO   VU

5. LEIA AS PALAVRAS EM VOZ ALTA.

TELEFONE   NAVE   ALFABETO   NOVELA   ELEFANTE
UVA   GAVETA   SORVETE   FAROFA   CAVERNA

CIRCULE AS PALAVRAS QUE TÊM **F**.

SUBLINHE AS PALAVRAS QUE TÊM **V**.

- QUE PALAVRA INDICA UM NOME DE ANIMAL?

  _____

- QUE PALAVRA INDICA UM OBJETO QUE USAMOS PARA FALAR COM ALGUÉM?

  _____

- QUE PALAVRAS INDICAM COMIDA?

  _____

- QUE PALAVRA INDICA O CONJUNTO DAS LETRAS?

  _____

6. COMPLETE A CRUZADINHA COM AS PALAVRAS DO QUADRO. JÁ COLOCAMOS ALGUMAS LETRAS PARA VOCÊ!

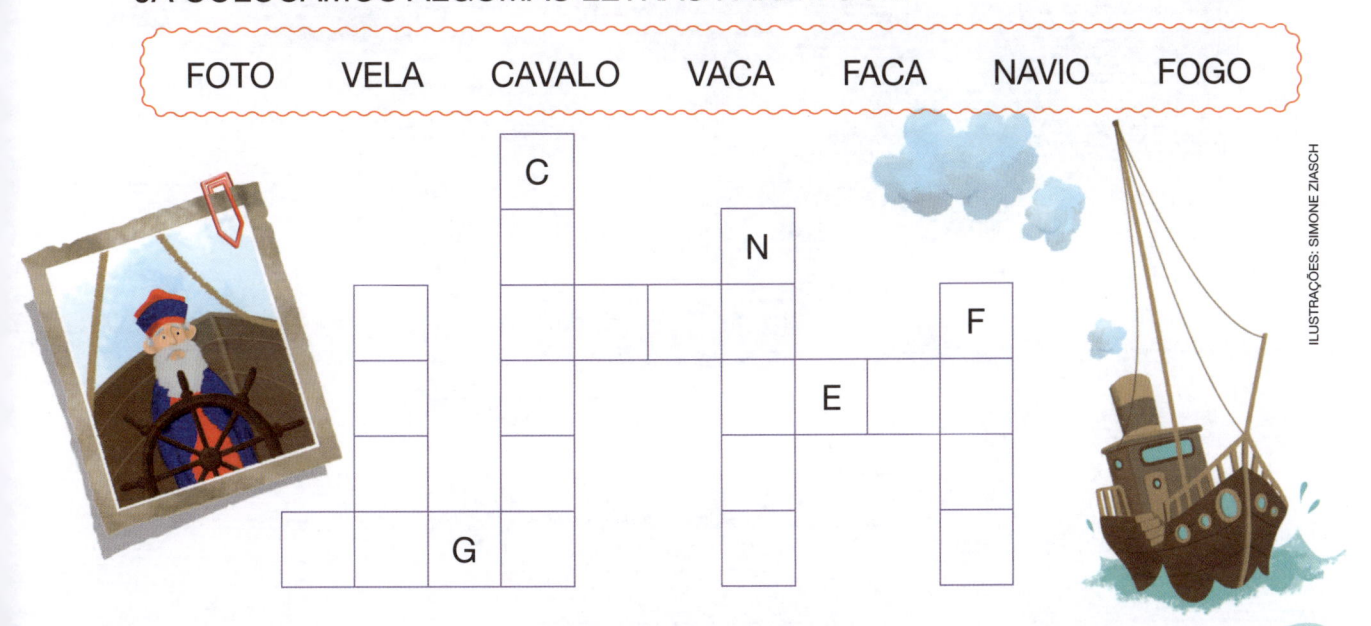

FOTO   VELA   CAVALO   VACA   FACA   NAVIO   FOGO

7. COMPLETE OS NOMES COM **F** OU **V**.

RA ___ AELA   E ___ A   ___ ERA   ___ ELIPE   ___ ABIANO

- AGORA, ESCREVA ESSES NOMES NA CENA SEGUINDO AS DICAS.

VERA USA CAMISETA BRANCA.

FABIANO USA BONÉ.

EVA USA UMA FITA NO CABELO.

FELIPE USA ÓCULOS ESCUROS.

RAFAELA USA SAIA AZUL.

48

BRINCANDO E APRENDENDO

NESTA CENA, HÁ 2 ELEFANTES E 2 CAVALOS. VOCÊ CONSEGUE ACHÁ-LOS?

- COPIE AS LETRAS NOS LOCAIS INDICADOS E DESCUBRA O NOME DE OUTRO ANIMAL QUE HÁ NA CENA.

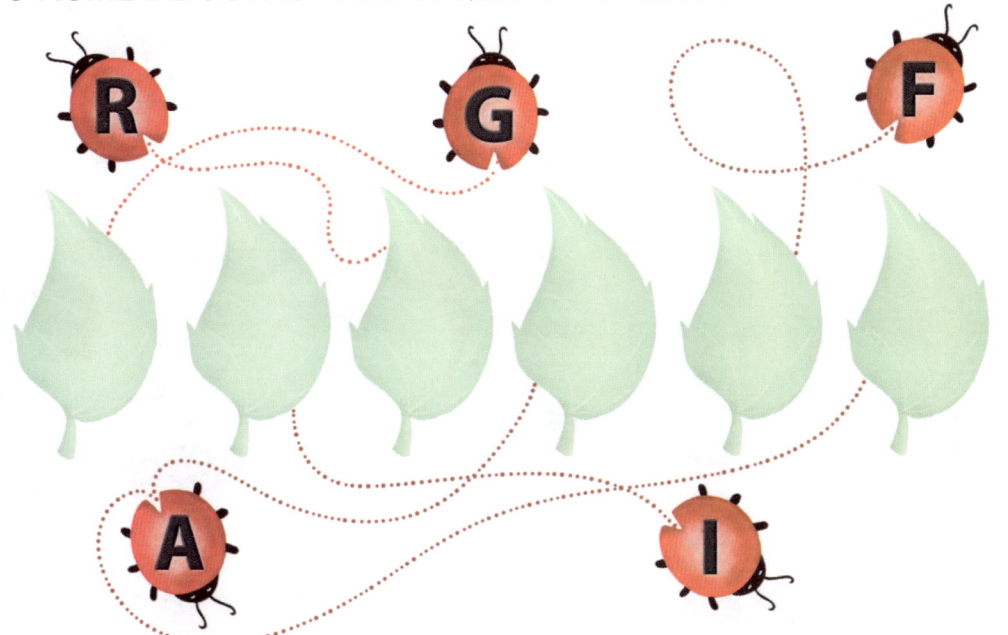

- ESCREVA AS SÍLABAS DO NOME QUE VOCÊ DESCOBRIU.

9

ENCONTRO CONSONANTAL: BL, CL, FL, GL, PL, TL

FLORES DE TODAS AS CORES

A VENDEDORA DE FLORES
COM SUA BLUSA COLORIDA
PASSA COM A CESTA DE FLORES,
LINDAS FLORES BRANCAS,
VERMELHAS, AMARELAS...
— QUEM QUER COMPRAR UMA FLOR
PARA DAR AO SEU AMOR?

CÉLIA SIQUEIRA.
TEXTO ESCRITO ESPECIALMENTE PARA ESTA OBRA.

BLUSA → BL

FLORES → FL

ENCONTRO CONSONANTAL: DUAS CONSOANTES JUNTAS NA PALAVRA

ATIVIDADES

1. JUNTE AS LETRAS E FORME SÍLABAS. DEPOIS, COMPLETE AS PALAVRAS COM AS SÍLABAS QUE VOCÊ FORMOU.

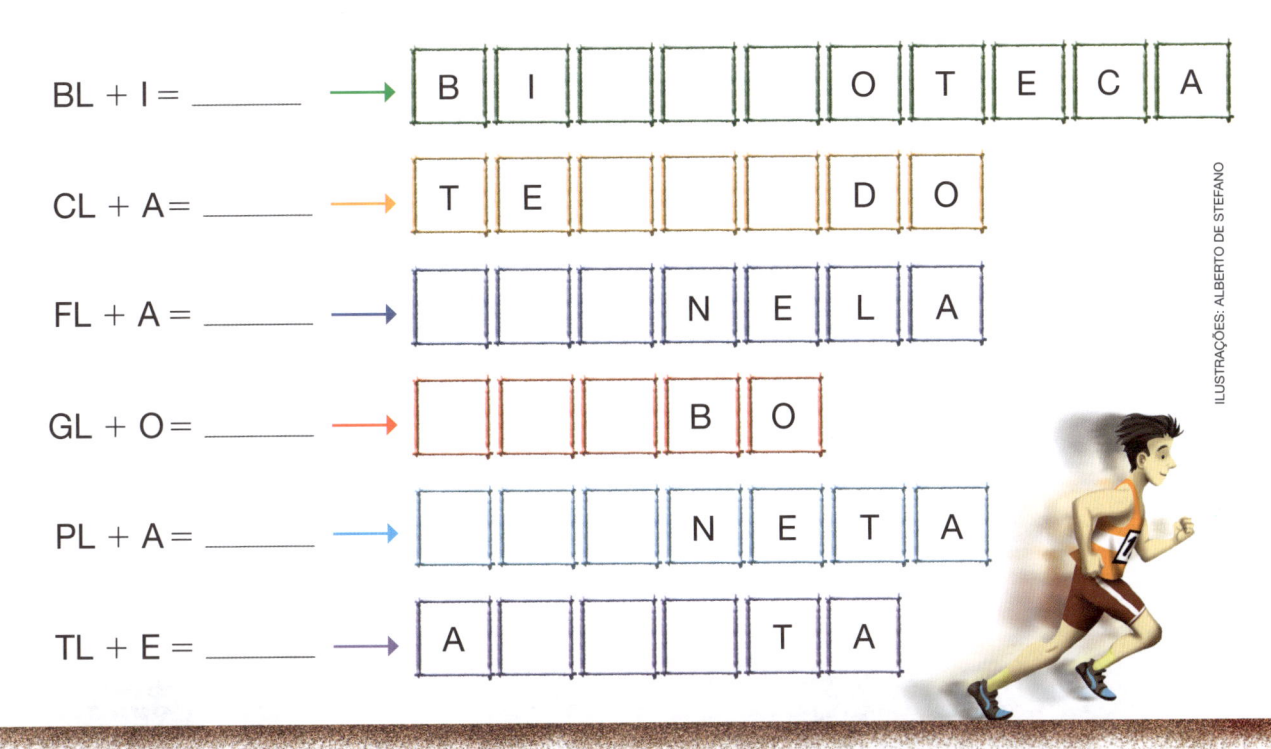

BL + I = _____ → | B | I | | | O | T | E | C | A |

CL + A = _____ → | T | E | | | D | O |

FL + A = _____ → | | | | N | E | L | A |

GL + O = _____ → | | | | B | O |

PL + A = _____ → | | | | N | E | T | A |

TL + E = _____ → | A | | | T | A |

2. FORME PALAVRAS SEGUINDO A NUMERAÇÃO DAS SÍLABAS.

| CI | TA | CLE | BLE | MO | TO | TE |
| 1 | 2 | 3 | 4 | 5 | 6 | 7 |

| DU | CO | BE | CLU | PLA | BLO | NO |
| 8 | 9 | 10 | 11 | 12 | 13 | 14 |

12 + 14 = _____

2 + 4 + 7 = _____

11 + 10 = _____

13 + 9 = _____

7 + 6 = _____

8 + 12 = _____

5 + 6 + 1 + 3 + 2 = _____

3. TROQUE A FIGURA POR UMA PALAVRA.

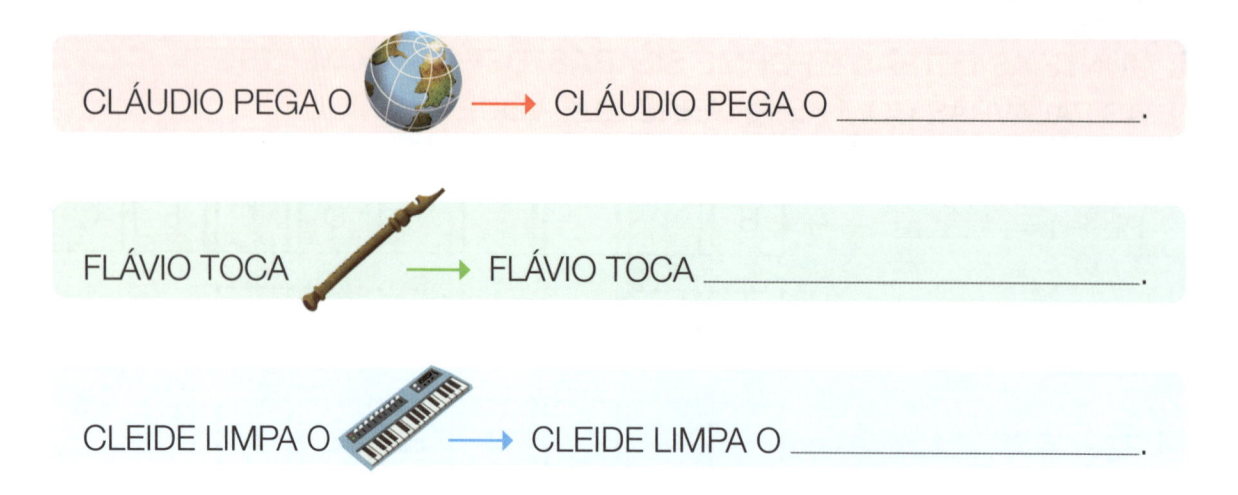

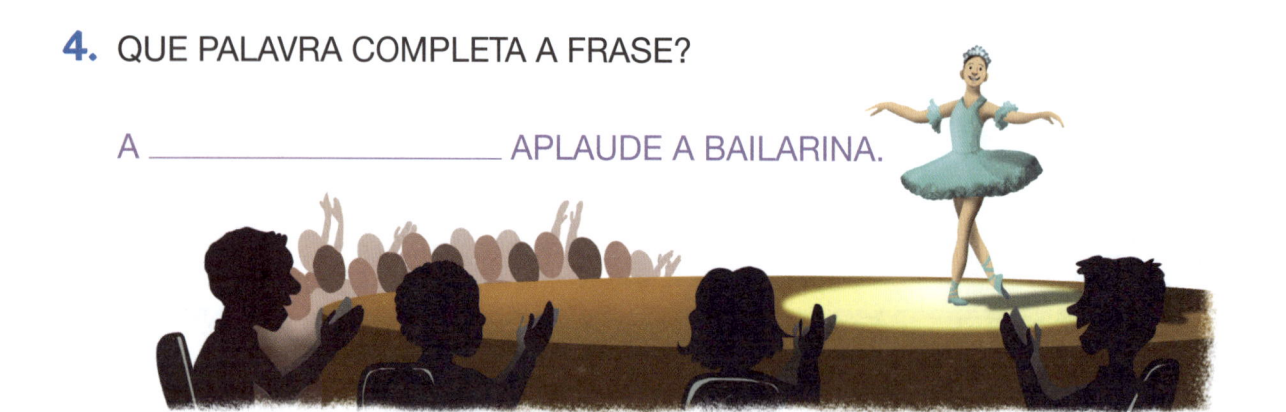

CLÁUDIO PEGA O ⟶ CLÁUDIO PEGA O _____.

FLÁVIO TOCA ⟶ FLÁVIO TOCA _____.

CLEIDE LIMPA O ⟶ CLEIDE LIMPA O _____.

4. QUE PALAVRA COMPLETA A FRASE?

A _____ APLAUDE A BAILARINA.

• SIGA O CAMINHO DO QUADRO 1 NO QUADRO 2 E DESCUBRA!

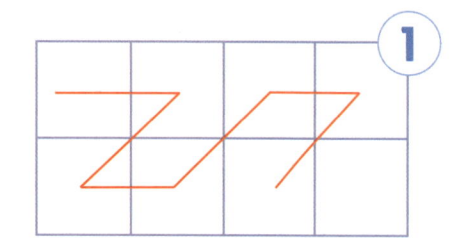

P	L	E	I
A	T	A	

5. ORDENE AS LETRAS E FORME PALAVRAS COM ENCONTRO CONSONANTAL.

L N P A T A ⟶ _____

A T E A L T ⟶ _____

C A L P A ⟶ _____

O R F L S A T E ⟶ _____

COMECE COM A LETRA **VERMELHA**... E TERMINE COM A LETRA **AZUL**!

BRINCANDO E APRENDENDO

LEIA.

C B D L I C A U C I D C L E F T E G T E A

- JUNTE AS LETRAS **VERMELHAS**. QUE PALAVRA VOCÊ FORMOU?

  _____

- JUNTE AS LETRAS **AZUIS**. QUE PALAVRA VOCÊ FORMOU?

  _____

- USE ESSAS PALAVRAS PARA COMPLETAR A FRASE.

  _____ ANDA DE _____.

- COLE AQUI O ADESIVO DA PÁGINA 251. DEPOIS, PINTE A CENA.

NA CENA, HÁ 4 PASSARINHOS. VOCÊ CONSEGUE ACHÁ-LOS?

10

▶ ENCONTRO CONSONANTAL: BR, CR, DR, FR, GR, PR, TR, VR

CAVALINHOS

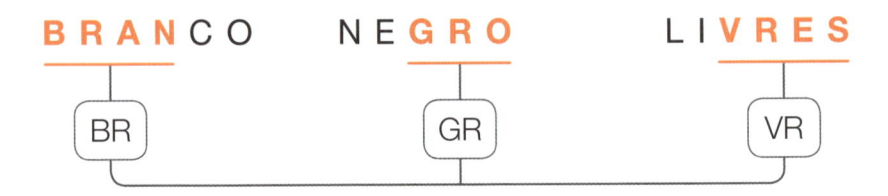

LÁ VEM O CAVALINHO BRANCO...
LÁ VEM O CAVALINHO NEGRO...
VÃO COMER A GRAMA VERDINHA,
BEBER ÁGUA FRESCA DA FONTE,
BEM GOSTOSA, GELADINHA,
E DEPOIS CORRER PELOS CAMPOS,
LIVRES E ALEGRES!

BEATRIZ MAYUMI

BRANCO   NE**GRO**   LI**VRES**

BR   GR   VR

ENCONTRO CONSONANTAL:
DUAS CONSOANTES JUNTAS NA PALAVRA

ATIVIDADES

1. JUNTE AS LETRAS E FORME SÍLABAS.

BR + A = _____ → | | | | V | O |

CR + A = _____ → | | | | V | O |

DR + O = _____ → | V | I | | | |

FR + A = _____ → | | | | C | O |

GR + E = _____ → | A | L | E | | |

PR + E = _____ → | | | | G | O |

TR + I = _____ → | | | | B | O |

VR + E = _____ → | L | I | | | |

- AGORA, COMPLETE AS PALAVRAS COM AS SÍLABAS QUE VOCÊ FORMOU.

2. VAMOS FORMAR PALAVRAS?

COBRA → TROQUE O **O** PELO **A** E DESCUBRA O NOME DE OUTRO ANIMAL.

_____

TRAPO → TROQUE O **T** E O **P** DE POSIÇÃO E DESCUBRA O NOME DE UM OBJETO QUE USAMOS NA HORA DE COMER.

_____

- AGORA, SEPARE AS SÍLABAS DAS PALAVRAS QUE VOCÊ FORMOU.

| ____ | ____ | | ____ | ____ | ____ | | ____ | ____ | ____ | | ____ | ____ |

BEATRIZ MAYUMI

3. COPIE AS LETRAS NOS LOCAIS INDICADOS E FORME UM NOME DE PESSOA.

O G R I D R O

- QUE ENCONTRO CONSONANTAL HÁ NESSE NOME? _____

- PINTE O ☐ QUE INDICA QUANTAS SÍLABAS TEM ESSE NOME.

  ☐ 1 SÍLABA   ☐ 2 SÍLABAS   ☐ 3 SÍLABAS

- COMPLETE A FRASE COM O NOME QUE VOCÊ FORMOU.

  _____ BRINCA NA PRAIA.

- AGORA, LEIA A FRASE QUE VOCÊ COMPLETOU EM VOZ ALTA.

- COLE AQUI O ADESIVO DA PÁGINA 254 QUE ILUSTRA A FRASE.

4. ENCONTRE A PALAVRA **BRASIL** NO QUADRO DE LETRAS E CIRCULE-A.

A B R S I B R A S I L A S I L R A

- QUE ENCONTRO CONSONANTAL HÁ NESSA PALAVRA? _____
- AGORA, PINTE A BANDEIRA BRASILEIRA.

5. TENTE LER EM VOZ ALTA SEM ERRAR.

PEDRO PEGOU O PRATO DE FRUTAS.

RODRIGO DRIBLOU BRUNO.

6. COMPLETE AS FRASES COM AS PALAVRAS DO QUADRO.

| TRAVE | GRAVATA | GRADE | GRAMADO | FRASE |

O GATO SUBIU NA _____ DA JANELA.

ALFREDO TEM UMA _____ BONITA.

BRUNA COPIA A _____ NO CADERNO.

A BOLA BATEU NA _____ DO GOL.

BRUNO BRINCA COM A BOLA NO _____.

BRINCANDO E APRENDENDO

AJUDE O ASTRONAUTA A VOLTAR PARA A NAVE.

- SIGA O CAMINHO DO QUADRO **1** NO QUADRO **2** E DESCUBRA O NOME DO ASTRONAUTA.

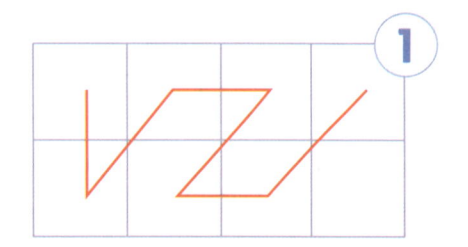

2

G	B	R	L
A	I	E	

- COMO O ASTRONAUTA SE CHAMA? _____

- AGORA, PINTE O ASTRONAUTA.

REVISÃO

1. ESCREVA AS LETRAS QUE ESTÃO FALTANDO NO ALFABETO.

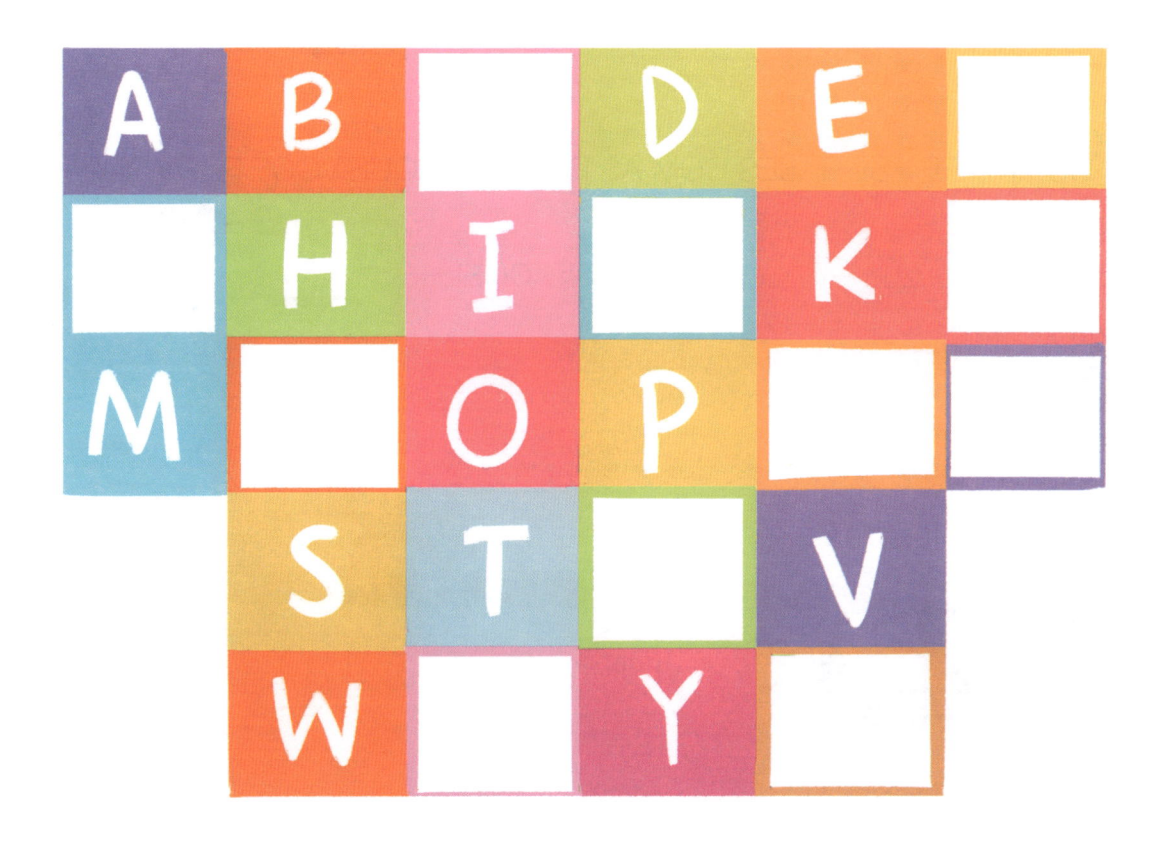

A	B		D	E	
	H	I		K	
M		O	P		
	S	T		V	
W			Y		

2. PINTE AS PIPAS.

DE VERMELHO, A QUE TEM 3 CONSOANTES.

DE VERDE, A QUE TEM 4 CONSOANTES.

DE AZUL, A QUE TEM 3 VOGAIS.

Pipa 1: T A E C R U M B

Pipa 2: O X Q E F I A U

Pipa 3: O G R S A E U P

REVISÃO

3. TROQUE AS VOGAIS DE POSIÇÃO E FORME NOVAS PALAVRAS.

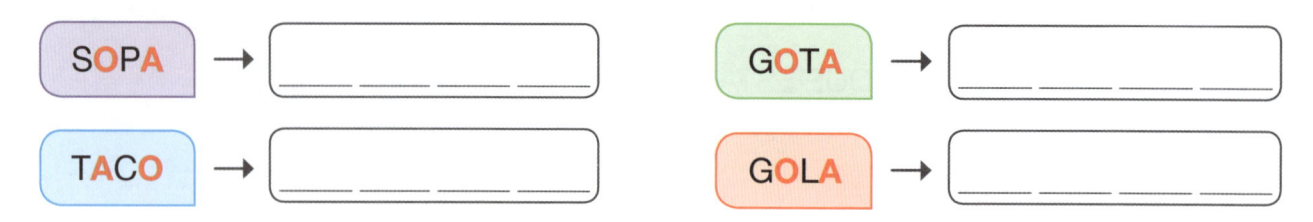

SOPA → _____   GOTA → _____

TACO → _____   GOLA → _____

- COMPLETE AS FRASES COM AS PALAVRAS QUE VOCÊ FORMOU.

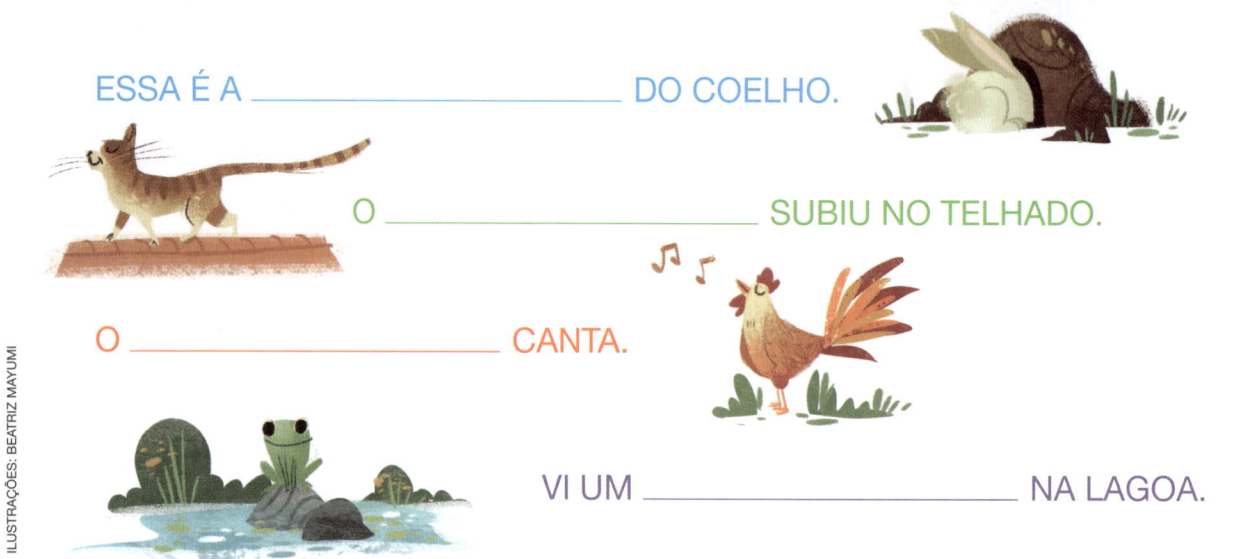

ESSA É A _____ DO COELHO.

O _____ SUBIU NO TELHADO.

O _____ CANTA.

VI UM _____ NA LAGOA.

4. COMPLETE AS PALAVRAS COM AS VOGAIS QUE ESTÃO FALTANDO.

O PAPAG___ ___ ___   É   ___MA   AV___   B___NIT___   E   COL___RID___.

- SUBLINHE A PALAVRA QUE TEM ENCONTRO VOCÁLICO.

- VAMOS COLORIR?

5. FORME PALAVRAS SEGUINDO A NUMERAÇÃO DAS SÍLABAS.

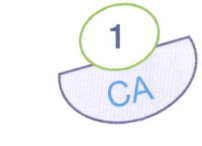

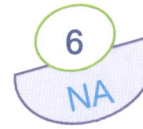

1 CA	2 SA	3 LI	4 LA
5 MO	6 NA	7 DA	8 LE	9 CO

3 + 5 + 6 + 7 = _____   2 + 4 + 7 = _____

5 + 8 + 1 + 7 = _____   2 + 9 + 4 = _____

- COMPLETE AS FRASES COM AS PALAVRAS QUE VOCÊ FORMOU.

A _____ JOGA BOLA NA ESCOLA.

BEBI _____ NA HORA DO LANCHE.

CAIO COME _____ DE TOMATE.

CLARA PEGOU A _____ E FOI À FEIRA.

6. VAMOS BRINCAR DE FORMAR PALAVRAS!

> A PALAVRA INICIAL É **DEDO**.

TROQUE O PRIMEIRO **D** POR **M**. ____ ____ ____

TROQUE **E** POR **O**. ____ ____ ____ ____

TROQUE O SEGUNDO **O** POR **A**. ____ ____ ____

TROQUE **D** POR **L**. ____ ____ ____

TROQUE **M** POR **B**. ____ ____ ____

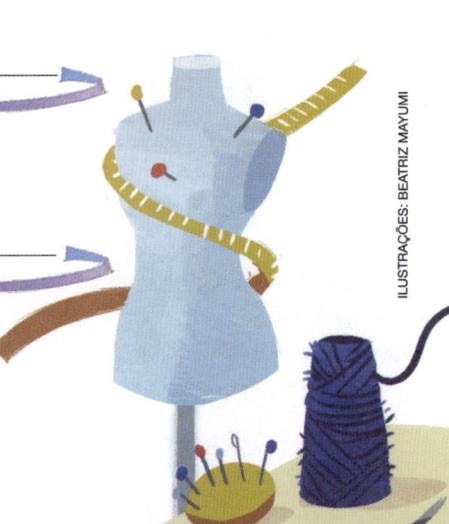

TROQUE **A** POR **O**. ____ ____ ____

REVISÃO

7. JUNTE AS LETRAS DA MESMA COR E FORME TRÊS PALAVRAS.

A O N I A U L A I T
D E L T

_____

- AGORA, CIRCULE OS ENCONTROS VOCÁLICOS DE CADA PALAVRA.

8. COPIE AS LETRAS COLORIDAS DOS NOMES DAS FIGURAS NOS LOCAIS INDICADOS.

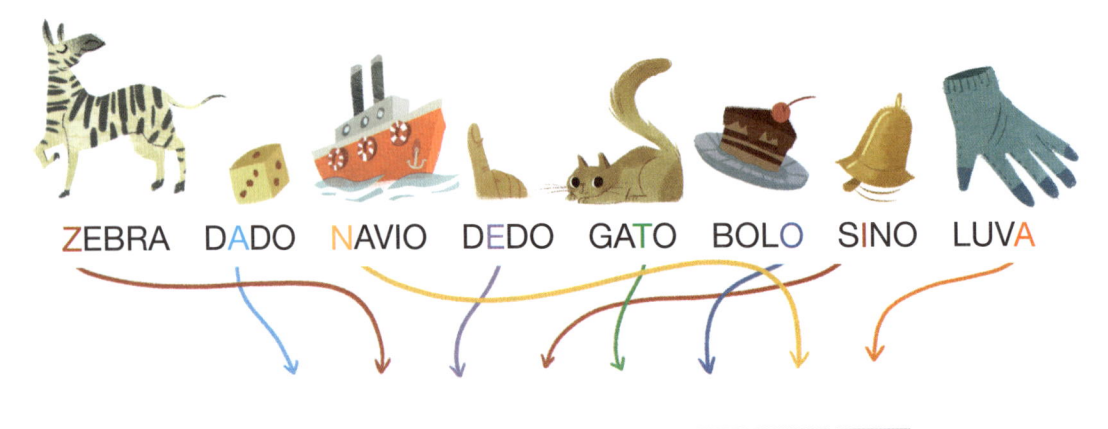

ZEBRA DADO NAVIO DEDO GATO BOLO SINO LUVA

____ ____ ____ ____

- SEPARE AS SÍLABAS DESSA PALAVRA.

- CIRCULE A SÍLABA QUE TEM UM ENCONTRO VOCÁLICO.

9. CIRCULE AS PALAVRAS QUE COMEÇAM COM CONSOANTE E TERMINAM COM VOGAL.

PATO   AMIGO   FILA   TITIA   ALUNO

10. SUBLINHE AS PALAVRAS QUE TÊM DUAS CONSOANTES E DUAS VOGAIS.

UVA   COLA   TRAVE   PAI   MALA

11. LEIA.

FITA   ZEBRA   ZERO   FOTO   AULA   LOBO

- ENCONTRE ESSAS PALAVRAS NO QUADRO DE LETRAS.

L	F	I	T	A	F	I	T	O	A	E	Z	E	R	O	I
A	L	A	T	E	A	U	L	A	O	L	O	B	O	A	Y
F	O	M	A	F	O	T	O	E	B	R	Z	E	B	R	A

- QUAIS DESSAS PALAVRAS SÃO NOMES DE ANIMAIS?

_____

- COLE AQUI OS ADESIVOS DA PÁGINA 254 QUE TÊM AS IMAGENS DESSES ANIMAIS. DEPOIS, PINTE A CENA.

HORA DA HISTÓRIA

O PATINHO FEIO

NUM DIA QUENTE DE VERÃO, OS OVINHOS QUE A MAMÃE PATA TINHA CHOCADO POR MUITO TEMPO COMEÇARAM A SE QUEBRAR. LOGO EM SEGUIDA, MUITOS PATINHOS JÁ CAMINHAVAM E FAZIAM *QUACK-QUACK*.

UM DELES, PORÉM, NÃO ERA IGUAL AOS OUTROS E, AO SE VER REFLETIDO NA ÁGUA DO LAGO, SE ACHOU MUITO FEIO. ELE NÃO ERA NADA PARECIDO COM OS OUTROS PATINHOS. ERA TÃO DIFERENTE QUE NINGUÉM QUERIA BRINCAR COM ELE. TRISTE, DECIDIU IR EMBORA E SAIU ANDANDO.

NO CAMINHO, UMA MULHER O ENCONTROU E O LEVOU PARA SUA CASA, ONDE O ALIMENTOU E O AQUECEU. MAS NAQUELA CASA TAMBÉM HAVIA UMA GALINHA E UM GATO, E O PATINHO FICOU COM MEDO DELES. ENTÃO, DECIDIU IR EMBORA NOVAMENTE.

O INVERNO ESTAVA CHEGANDO E O PATINHO COMEÇOU A SENTIR FRIO. ELE ENTROU NUMA CASA QUE PARECIA QUENTINHA E LÁ CONHECEU UM HOMEM MUITO BONDOSO, QUE O ACOLHEU E O ALIMENTOU. MAS ESSE HOMEM TINHA FILHOS TÃO BARULHENTOS E BAGUNCEIROS QUE O PATINHO NÃO AGUENTOU E DECIDIU IR EMBORA MAIS UMA VEZ.

A PRIMAVERA ESTAVA APENAS COMEÇANDO A FLORIR E O PATINHO FICOU FELIZ PORQUE PODERIA FAZER O QUE MAIS GOSTAVA NA VIDA: NADAR NOVAMENTE NO LAGO. CHEGANDO LÁ, VIU UM LINDO CISNE BRANCO, NADANDO ELEGANTEMENTE. DIANTE DE TANTA BELEZA, O PATINHO ABAIXOU A CABEÇA, LEMBRANDO-SE DE QUE ERA FEIO. QUAL FOI SUA SURPRESA QUANDO, REFLETIDA NO LAGO, VIU SUA PRÓPRIA IMAGEM: ELE ERA, TAMBÉM, UM LINDO CISNE BRANCO, COM UM LONGO PESCOÇO DE PLUMAS BRANCAS E MACIAS!

FOI NESSE MOMENTO QUE ELE ENTENDEU QUE NUNCA TINHA SIDO UM PATINHO FEIO: ERA UM CISNE! OLHANDO AO REDOR, VIU OS OUTROS CISNES NADANDO NO LAGO CRISTALINO. ENTÃO, JUNTOU-SE A ELES E, PELA PRIMEIRA VEZ NA VIDA, NADOU FELIZ E DE CABEÇA ERGUIDA, ADMIRANDO AS FLORES COLORIDAS DA PRIMAVERA.

RENATA TUFANO. VERSÃO DO CONTO DE HANS CHRISTIAN ANDERSEN.

HORA DA HISTÓRIA

ATIVIDADES

1. COMO ERAM OS FILHOTES DA MAMÃE PATA QUANDO NASCERAM? SUBLINHE A RESPOSTA.

TODOS IGUAIS.   UM DELES NÃO ERA IGUAL AOS OUTROS.

2. COMO SE SENTIU O PATINHO DIFERENTE QUANDO VIU QUE NINGUÉM QUERIA BRINCAR COM ELE?

- O QUE ELE DECIDIU FAZER? CIRCULE A RESPOSTA.

IR EMBORA.   BRINCAR SOZINHO.

3. UMA MULHER ENCONTROU O PATINHO E O LEVOU PARA CASA. QUE ANIMAIS MORAVAM COM ELA?

UMA GALINHA.   UM CACHORRO.   UM GATO.   UM CAVALO.

ILUSTRAÇÕES: BEATRIZ MAYUMI

4. COM FRIO, O PATINHO ENTROU EM OUTRA CASA. COMO ERAM AS PESSOAS QUE MORAVAM NELA? LIGUE AS COLUNAS.

| HOMEM | BARULHENTOS E BAGUNCEIROS |
| FILHOS | BONDOSO |

5. NA PRIMAVERA, QUANDO FOI NADAR, QUE ANIMAL O PATINHO VIU NO LAGO?

☐ ☐

- ORDENE AS LETRAS E FORME O NOME DESSE ANIMAL.

S C I N E

_____

6. RETOME A HISTÓRIA E COMPLETE O TEXTO ABAIXO.

O PATINHO FEIO DESCOBRIU

QUE ERA UM LINDO _____ BRANCO,

COM UM _____ PESCOÇO,

DE PLUMAS _____ E _____!

- AGORA, ACABE DE PINTAR A CENA.

GRAMÁTICA E ORTOGRAFIA

11

▶ **TIL**

O REI LEÃO

OLHA O LEÃO!
QUE BICHO GRANDÃO!
É BEM VALENTÃO,
MUITO FORTE E BRIGÃO!

LÁ VAI O LEÃO.
QUEM VAI ENCARAR?

L E Ã O   G R A N D Ã O
            TIL

O SINAL (~) QUE APARECE SOBRE A VOGAL **A** NESSAS PALAVRAS CHAMA-SE **TIL**.
ELE INDICA QUE O SOM DA VOGAL SAI PELO NARIZ E PELA BOCA.

O **TIL** PODE SER USADO SOBRE A VOGAL **A** E SOBRE A VOGAL **O**.

MÃE   MAÇÃ   LIMÕES   BOTÕES

ATIVIDADES

1. COLOQUE **TIL** NAS PALAVRAS.

BALAO   TUBARAO   BALOES   TUBAROES

2. TROQUE OS SÍMBOLOS PELAS LETRAS E FORME UMA PALAVRA.

Ã V O I L

_____ _____ _____ _____ _____ _____

- COMPLETE A FRASE COM A PALAVRA QUE VOCÊ FORMOU.

JOÃO E SEU IRMÃO TOCAM _____.

3. JUNTE AS PEÇAS DA MESMA COR E FORME PALAVRAS.

FO   MA   ME   GÃO

LÃO   MÕES   LI   MÃO

4. LEIA AS PALAVRAS EM VOZ ALTA.

AVIÃO　　MAMÃE　　MELÃO　　SABÃO　　RÃ

- ENCONTRE ESSAS PALAVRAS NO QUADRO DE LETRAS.

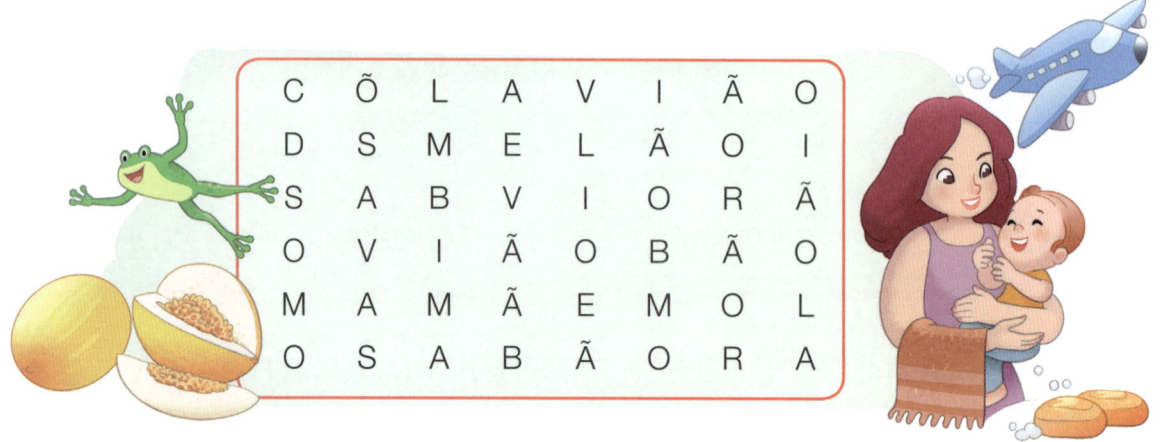

C	Õ	L	A	V	I	Ã	O
D	S	M	E	L	Ã	O	I
S	A	B	V	I	O	R	Ã
O	V	I	Ã	O	B	Ã	O
M	A	M	Ã	E	M	O	L
O	S	A	B	Ã	O	R	A

- QUAL DESSAS PALAVRAS NÃO TEM ENCONTRO VOCÁLICO?

_____

5. LEIA O POEMA E COLOQUE **TIL** NAS PALAVRAS DESTACADAS.

MEU PIAO

RODA PIAO
NA PALMA DA MAO.
RODA PIAO
E NAO CAI NO CHAO.

- DE QUEM É O PIÃO? COPIE O NOME DO DONO AO LADO DE SEU PIÃO.

JOÃO　　CAUÃ　　MIRIÃ

- AGORA, PINTE CADA PIÃO DE UMA COR.

S, SS, S COM SOM DE Z

COISA BOA

É PULAR DA CAMA,
ABRIR A JANELA
E DAR DE CARA
COM UMA FLOR AMARELA.

O GIRASSOL NO JARDIM
OU O SOL LÁ NO CÉU
SORRINDO PRA MIM!

SÔNIA BARROS. *COISA BOA.*
SÃO PAULO: MODERNA, 2008.

S O L — S

GIRA SS OL — SS

NO INÍCIO DE PALAVRAS, USAMOS **S**: **S**OL.
ENTRE VOGAIS, PARA TER O SOM DE **S**, USAMOS **SS**: GIRA**SS**OL.
NUNCA COMEÇAMOS UMA PALAVRA COM **SS**.

AGORA, LEIA EM VOZ ALTA.

COI S A
S COM SOM DE **Z**

QUANDO VEM ENTRE VOGAIS, O **S** TEM SOM DE **Z**.
CA**S**A   RI**S**O   RAPO**S**A

ATIVIDADES

1. COMPLETE AS PALAVRAS COM **S** OU **SS**.

RAPO ____ A   CAMI ____ ETA   A ____ OBIO   CLA ____ E

BE ____ OURO   VA ____ OURA   FAMO ____ O   BRA ____ A

- QUAIS DESSAS PALAVRAS SÃO NOMES DE ANIMAIS?

_____

- DESTAQUE OS ADESIVOS DA PÁGINA 254 QUE ILUSTRAM ESSES ANIMAIS E COLE-OS AQUI.

2. COPIE NOS QUADRINHOS A LETRA COLORIDA E FORME UMA PALAVRA COM **SS**.

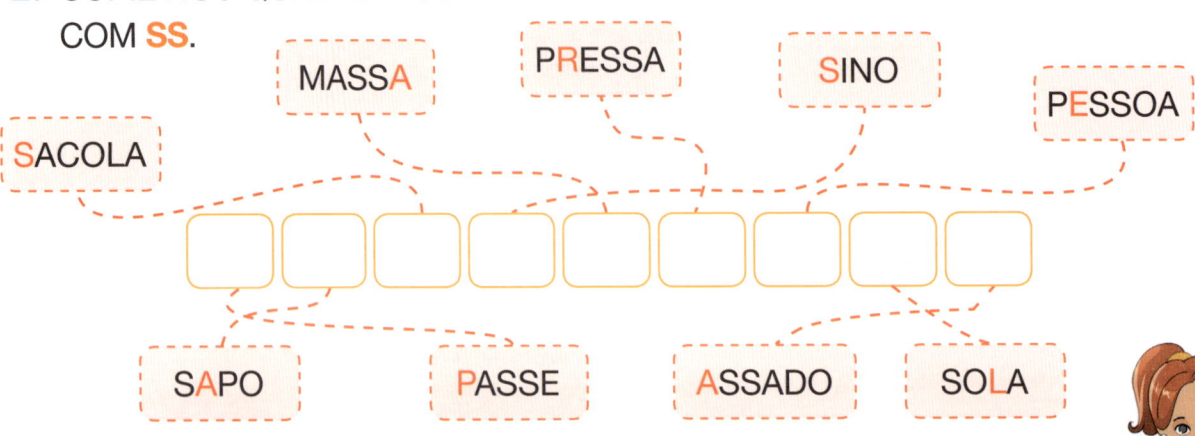

SACOLA   M**A**SSA   **P**RESSA   **S**INO   P**E**SSOA

S**A**PO   **P**ASSE   **A**SSADO   SO**L**A

- COMPLETE A FRASE COM A PALAVRA QUE VOCÊ FORMOU.

SUELI DESFILA NA _____.

3. TROQUE A LETRA INICIAL DE CADA PALAVRA PELO **S**.

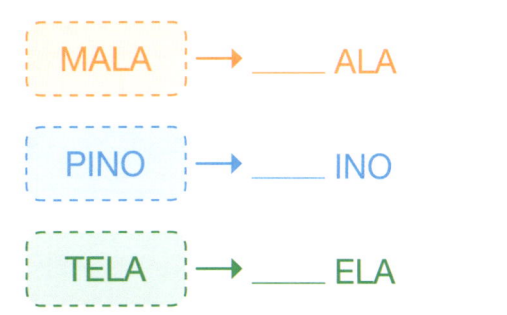

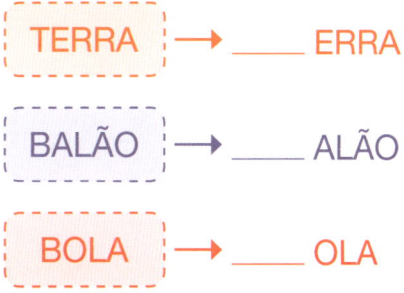

MALA → ____ ALA

PINO → ____ INO

TELA → ____ ELA

TERRA → ____ ERRA

BALÃO → ____ ALÃO

BOLA → ____ OLA

4. FORME PALAVRAS COM **SS**.

PA ____ EIO

PROFE ____ ORA

AMA ____ ADA

DEZE ____ ETE

- COMPLETE AS FRASES COM AS PALAVRAS QUE VOCÊ FORMOU.

A _____ E OS ALUNOS VÃO AO CINEMA.

SORAIA FEZ UM _____ NA PRAIA.

ESSA MENINA TEM _____ ANOS.

SUA CAMISA FICOU _____.

5. ORDENE AS LETRAS E FORME PALAVRAS EM QUE O **S** TEM SOM DE **Z**.

A M S I **C A** _____

I D S **A** R **A** _____

O **A** R E T S **U** _____

A C **O** S C **A** _____

AS PALAVRAS COMEÇAM COM A LETRA **AZUL** E TERMINAM COM A LETRA **VERMELHA**.

- QUE PALAVRA FORMADA TEM UM ENCONTRO VOCÁLICO?

_____

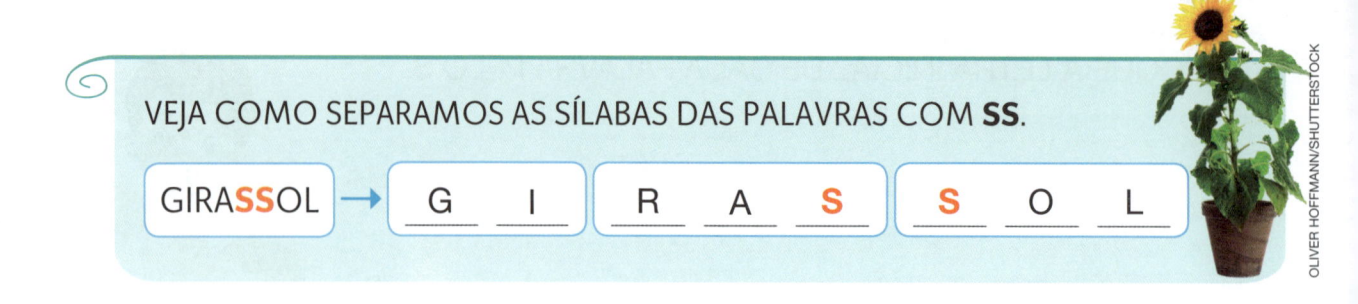

VEJA COMO SEPARAMOS AS SÍLABAS DAS PALAVRAS COM **SS**.

GIRA**SS**OL → GI — RAS — SOL

6. SEPARE AS SÍLABAS DESTAS PALAVRAS.

OSSO

VASSOURA

DINOSSAURO

COMPASSO

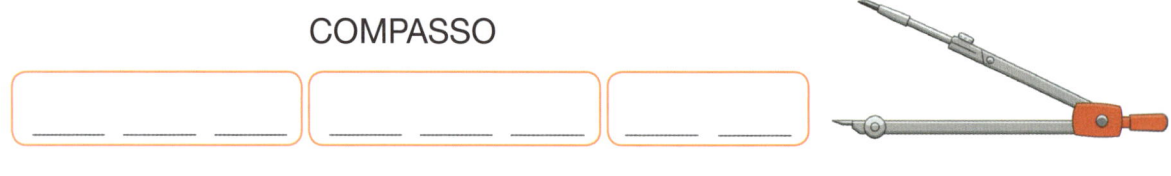

7. VAMOS BRINCAR DE FORMAR PALAVRAS.

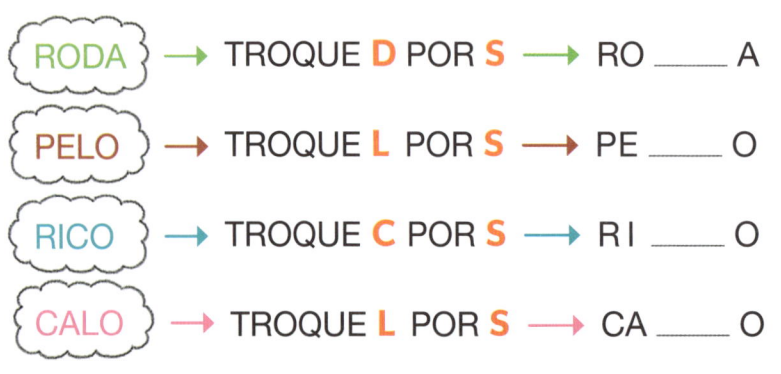

RODA → TROQUE **D** POR **S** → RO ____ A

PELO → TROQUE **L** POR **S** → PE ____ O

RICO → TROQUE **C** POR **S** → RI ____ O

CALO → TROQUE **L** POR **S** → CA ____ O

BRINCANDO E APRENDENDO

COPIE NO QUADRINHO A LETRA INDICADA DE CADA PALAVRA E DESCUBRA O NOME DO MENINO.

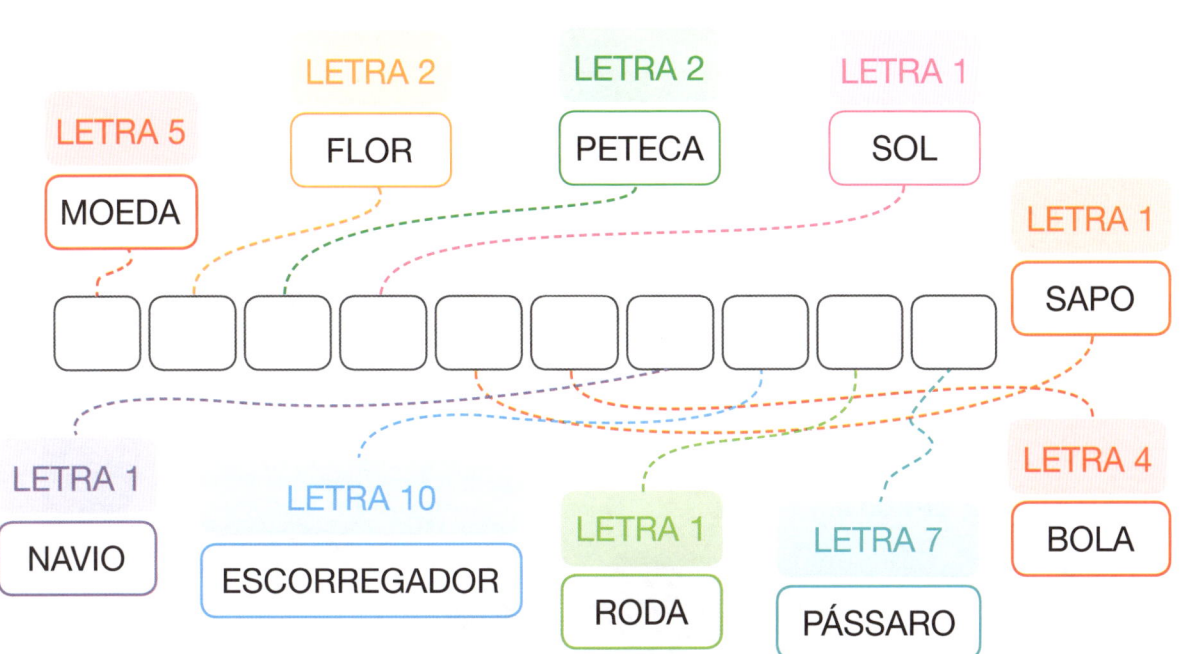

LETRA 5 — MOEDA
LETRA 2 — FLOR
LETRA 2 — PETECA
LETRA 1 — SOL
LETRA 1 — SAPO
LETRA 1 — NAVIO
LETRA 10 — ESCORREGADOR
LETRA 1 — RODA
LETRA 7 — PÁSSARO
LETRA 4 — BOLA

- COLE OS ADESIVOS DA PÁGINA 255 AQUI.
- AGORA, ACABE DE PINTAR A CENA.

12

ACENTO AGUDO

CARINHO

— O QUE VOCÊ QUER?
UM PÉ DE MOLEQUE?
UM CAFÉ? UM PICOLÉ?
— NADA DISSO, MAMÃE,
EU SÓ QUERO CAFUNÉ...

SANDRA LAVANDEIRA

P **É**   CAF **É**   PICOL **É**   CAFUN **É**
É   É   É   É

O SINAL (´) É CHAMADO DE **ACENTO AGUDO**. A VOGAL QUE RECEBE ESSE ACENTO É PRONUNCIADA COM MAIS FORÇA QUE AS OUTRAS E TEM SOM ABERTO.

ATIVIDADES

1. COMPLETE AS PALAVRAS COM **Á**, **É**, **Ó**.

SOF____    PALET____   BON____    TAMANDU____   SABI____

- LEIA AS PALAVRAS EM VOZ ALTA.

- USE ESSAS PALAVRAS NAS FRASES A SEGUIR.

O CANTO DO _____ É BONITO.

ANDRÉ TIROU O _____ DA CABEÇA.

VOVÓ ESTÁ SENTADA NO _____.

O _____ COME FORMIGAS.

O _____ DE JOSÉ É NOVO.

2. JUNTE AS SÍLABAS DA MESMA COR E FORME PALAVRAS.

DI   GI   DO   MÉ   GI
CO   PÁ   MI   CO
MÁ   NA   NÓ

- QUE PALAVRAS VOCÊ FORMOU?

_____

_____

- QUANTAS SÍLABAS TEM CADA PALAVRA? CIRCULE A RESPOSTA.

     2   **3**   **4**

3. VAMOS BRINCAR DE FORMAR PALAVRAS!

A PRIMEIRA PALAVRA É **JÁ**.

TROQUE **J** POR **P**: _____Á

▸ TROQUE **Á** POR **É**: P_____

▸ TROQUE **É** POR **Ó**: P_____

▸ TROQUE **P** POR **S**: _____Ó

▸ TROQUE **S** POR **N**: _____Ó

NÃO ESQUEÇA O ACENTO AGUDO!

- QUAL DESSAS PALAVRAS COMPLETA A FRASE?

FÁBIO DEU UM _____ NO CORDÃO DO SAPATO.

4. LEIA AS FRASES EM VOZ ALTA.

| O PALETÓ DE LÃ ESTÁ LÁ NA SALA. | MÁRIO É FÃ DE FUTEBOL. |

- COPIE AS PALAVRAS QUE TÊM ACENTO AGUDO.

_____

_____

5. ESCREVA AS LETRAS NOS LOCAIS INDICADOS E FORME O NOME DE UM ANIMAL FEROZ.

C   J   A   É   A   R

R, RR, R ENTRE VOGAIS

A ARANHA E O JARRO

QUEM CONSEGUE REPETIR
DUAS VEZES SEM ERRAR?

NEM A ARANHA ARRANHA O JARRO
NEM O JARRO ARRANHA A ARANHA

NEM O JARRO ARRANHA A ARANHA
NEM A ARANHA ARRANHA O JARRO

SE CONSEGUIU REPETIR
SEM LEVAR ESCORREGÃO,
VOCÊ É MESMO SABIDO!
VOCÊ É O MEU CAMPEÃO!

REPETIR — R

A**R**ANHA — R

A**RR**ANHA — RR

> NO INÍCIO DA PALAVRA, O **R** TEM SOM FORTE: **R**EPETIR.
> NO MEIO DA PALAVRA, ENTRE VOGAIS, O **R** TEM SOM FRACO: A**R**ANHA.
> PARA INDICAR O SOM FORTE DO **R** ENTRE AS VOGAIS, USAMOS **RR**: A**RR**ANHA.

ATIVIDADES

1. LEIA AS PALAVRAS EM VOZ ALTA.

TORRE AREIA ARARA FERRO

- COPIE ESSAS PALAVRAS NOS LOCAIS CERTOS.

RR

R

2. COMPLETE O DIAGRAMA COM AS PALAVRAS A SEGUIR.

BEZERRO RATINHO MARRECO

3. ORDENE AS PALAVRAS PARA FORMAR UMA FRASE.

4 RATO   3 O   5 E   6 BERROU   2 VIU   1 RENATA

- QUE FRASE VOCÊ FORMOU?

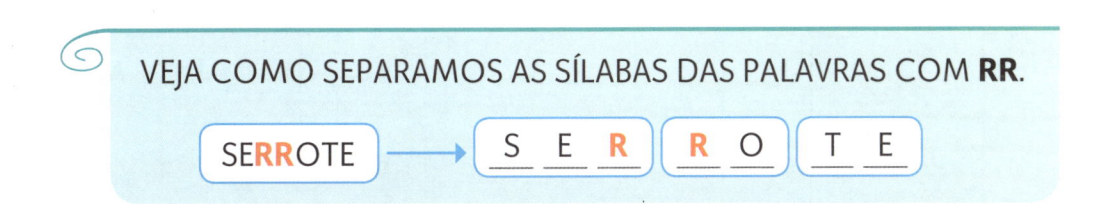

_____

VEJA COMO SEPARAMOS AS SÍLABAS DAS PALAVRAS COM **RR**.

SE**RR**OTE → S E R | R O T E

4. SEPARE AS SÍLABAS DAS PALAVRAS.

GARRAFA _____ _____ _____

BARRO _____ _____

5. TROQUE O **L** PELO **R** E FORME NOVAS PALAVRAS.

LUA → _____UA   LEI → _____EI   LODO → _____ODO

- AGORA, LEIA DEPRESSA EM VOZ ALTA:

O REI RAUL RI E LIMPA A RUA COM O RODO.

6. TROQUE O **R FRACO** PELO **RR** E FORME NOVAS PALAVRAS.

CARO   CA____INHO   CARETA   MU____O

CA____O   CARINHO   CA____ETA   MURO

7. SIGA O CAMINHO DO QUADRO 1 NO QUADRO 2 E DESCUBRA O NOME DE UMA AVE QUE CAÇA À NOITE E VIRA A CABEÇA TODA PARA TRÁS.

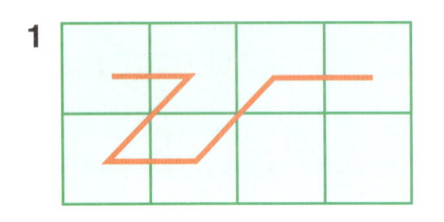

1

2

C	O	J	A
R	U		

- ESCREVA A PALAVRA QUE VOCÊ DESCOBRIU.

_____

- COLE O ADESIVO DA PÁGINA 255 NA CENA ABAIXO.

BRINCANDO E APRENDENDO

COPIE AS LETRAS NOS LOCAIS INDICADOS E FORME TRÊS NOMES DE ANIMAIS.

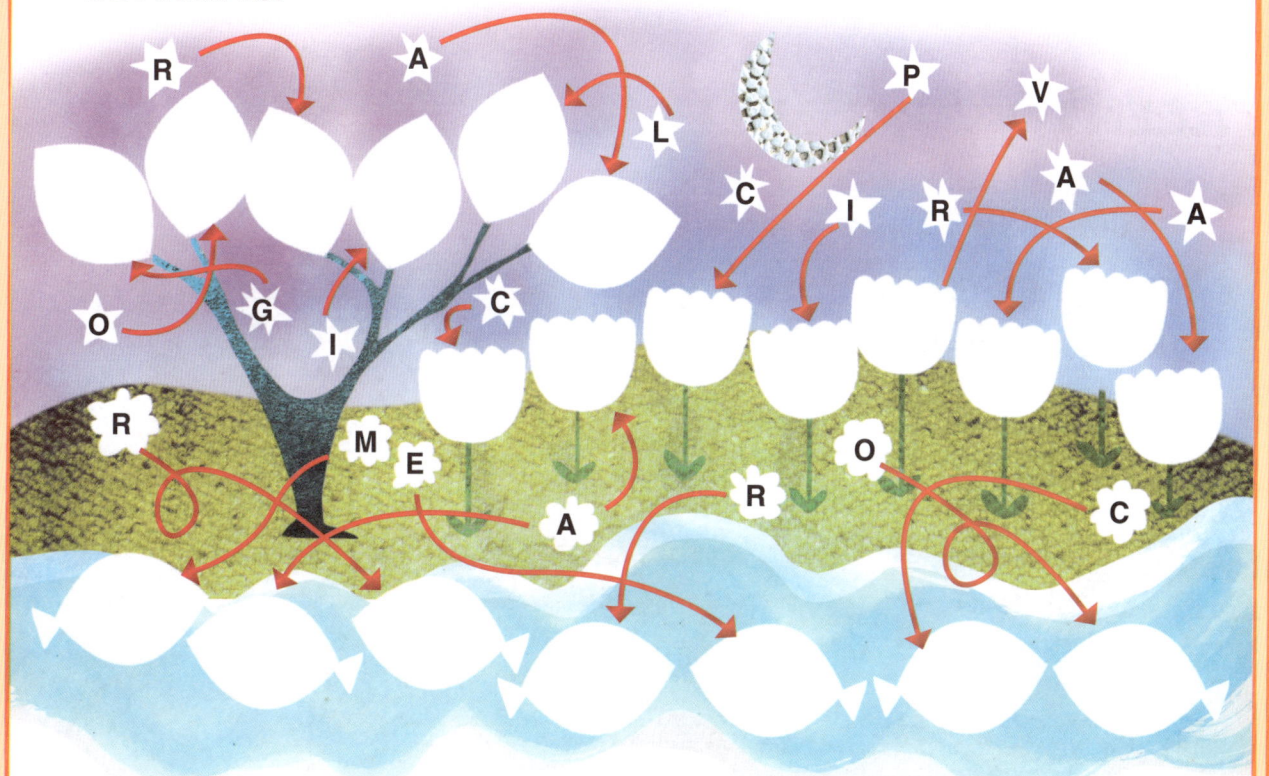

- DESTAQUE OS ADESIVOS DESSES ANIMAIS DA PÁGINA 258 E COLE-OS AQUI. DEPOIS, PINTE A CENA.

ILUSTRAÇÕES: SANDRA LAVANDEIRA

13

▸ ACENTO CIRCUNFLEXO

UM VOVÔ GENTIL

VOVÔ JOSÉ É GENTIL.
DEU PRA VOVÓ UMA FLOR.
ELA SORRIU E DISSE:
— OBRIGADA, MEU AMOR!

V O V **Ô**

Ô

O SINAL (^) É CHAMADO DE **ACENTO CIRCUNFLEXO** E PODE SER USADO NAS VOGAIS **A, E, O**.
A VOGAL QUE TEM ESSE ACENTO É PRONUNCIADA COM MAIS FORÇA QUE AS OUTRAS E TEM SOM FECHADO.

ATIVIDADES

1. ESCREVA **VOVÔ** OU **VOVÓ**.

_____ JOSÉ

_____ TERESA

- PINTE O ⬚ QUE INDICA A RESPOSTA CORRETA.

    VOVÔ → Ô   ⬚ SOM ABERTO   ⬚ SOM FECHADO

    VOVÓ → Ó   ⬚ SOM ABERTO   ⬚ SOM FECHADO

2. ESCREVA A VOGAL QUE ESTÁ FALTANDO.

NEN ____

T ____ NIS

P ____ SSEGO

AV ____

- AGORA, SEPARE AS SÍLABAS DAS PALAVRAS.

3. JUNTE AS SÍLABAS DA MESMA COR E FORME CINCO NOMES DE PESSOAS.

| DÉ | NI | LI | MA | RA | AN | FÁ | GE | MÔ | GÉ | TI | LA | BO | CA | CA | ÂN |

_____

_____

4. OBSERVE AS FIGURAS E FALE O NOME DE CADA UMA EM VOZ ALTA.

BON ____

PICOL ____

____ NCORA

MAI ____

- AGORA, COMPLETE AS PALAVRAS COM A VOGAL QUE ESTÁ FALTANDO.

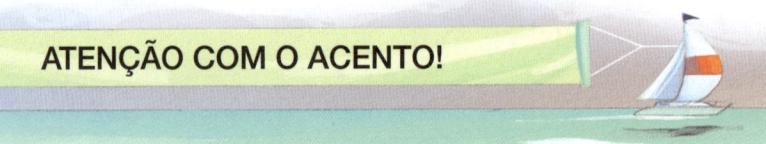

ATENÇÃO COM O ACENTO!

- COPIE CADA PALAVRA NA COLUNA CORRETA.

PALAVRAS COM ACENTO AGUDO	PALAVRAS COM ACENTO CIRCUNFLEXO

86

5. ESCREVA AS LETRAS NOS LOCAIS INDICADOS E FORME UMA PALAVRA COM ACENTO CIRCUNFLEXO.

- PINTE A FIGURA QUE REPRESENTA A PALAVRA QUE VOCÊ FORMOU.

- DESTAQUE DA PÁGINA 258 OS ADESIVOS COM AS PALAVRAS QUE NOMEIAM CADA FIGURA E COLE-OS NOS LOCAIS CERTOS.

H INICIAL

HOJE É DIA DE FESTA!

CHEGOU A HORA DA FESTA.
A ESCOLA ESTÁ ENFEITADA.
É HORA DE ALEGRIA.
AH! COMO SERIA BOM
FAZER FESTA TODO DIA!

HORA   **H**OJE
          H

NO INÍCIO DAS PALAVRAS, A LETRA **H** NÃO É PRONUNCIADA. DEVEMOS LER APENAS A VOGAL QUE VEM DEPOIS DELA.

HOTEL    **H**IENA

ATIVIDADES

1. LEIA EM VOZ ALTA.

HIPOPÓTAMO   HOMEM   HARPA   HÉLICE

- COPIE CADA PALAVRA EMBAIXO DA FIGURA QUE A REPRESENTA.

2. TROQUE OS SÍMBOLOS PELAS LETRAS E FORME UMA FRASE.

L H G S O B D N A R E I U

89

3. COPIE AS LETRAS **VERMELHAS** NOS QUADRINHOS INDICADOS E FORME O NOME DE UM OBJETO QUE USAMOS PARA ILUMINAR.

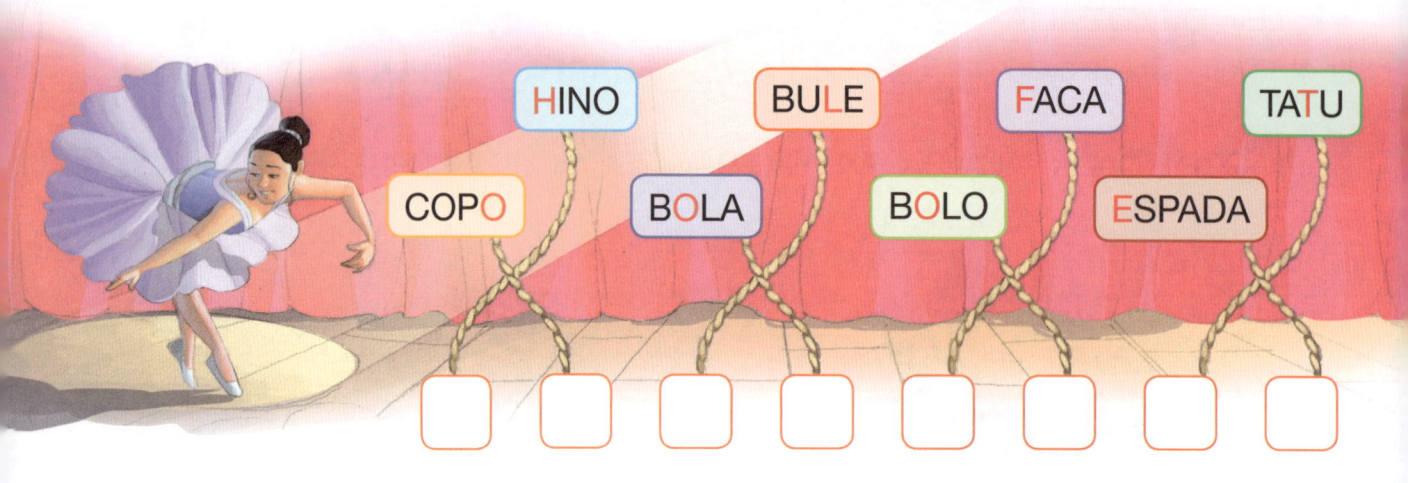

HINO   BULE   FACA   TATU
COPO   BOLA   BOLO   ESPADA

- COPIE A PALAVRA QUE VOCÊ FORMOU.

_____

- SEPARE AS SÍLABAS DESSA PALAVRA.

___ ___   ___ ___   ___ ___   ___ ___

- QUE VOGAL APARECE REPETIDA NESSA PALAVRA?

_____

4. VAMOS BRINCAR DE FORMAR PALAVRAS!

A PRIMEIRA PALAVRA É **FINO**.

TROQUE O **F** PELO **H** → ____ INO

TROQUE O **H** PELO **S** → ____ INO

TROQUE O **S** PELO **P** → ____ INO

- COPIE AS PALAVRAS QUE VOCÊ FORMOU.

_____

BRINCANDO E APRENDENDO

USE O CÓDIGO PARA DESCOBRIR O NOME DAS CRIANÇAS.

⌘	❄	♠	❋	◆	☼	💧	★	◎	✠	◐	◈
L	H	Q	O	S	D	N	A	R	E	I	U

HAROLDO

HOSANA

HELENA

HILDA

HENRIQUE

- VOCÊ SABE DIZER QUEM É QUEM? ESCREVA O NOME DA CRIANÇA EMBAIXO DA FIGURA.

14

▸ SINÔNIMO

BONITAS E ALEGRES

MARIA RITA E RITA MARIA,
DUAS MENINAS BONITAS,
DUAS BELAS MENINAS!
SÃO MENINAS MUITO ALEGRES,
ESTÃO SEMPRE BEM CONTENTES.
MARIA RITA E RITA MARIA,
ENTRE ELAS NÃO HÁ BRIGA,
SÓ EXISTE ALEGRIA!

ALEGRE — **CONTENTE**

SINÔNIMOS

SINÔNIMOS SÃO PALAVRAS QUE TÊM SENTIDO MUITO PARECIDO, QUASE IGUAL.

ATIVIDADES

1. CORTE AS LETRAS **H**, **J** E **M** E DESCUBRA UM SINÔNIMO DA PALAVRA **ABECEDÁRIO**.

H J A M L J M F A H J B H E J M H T O

- SEPARE AS SÍLABAS DA PALAVRA QUE VOCÊ DESCOBRIU.

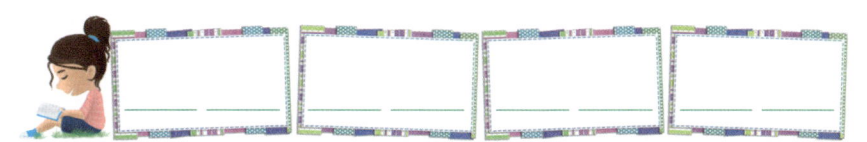

- PINTE AS VOGAIS QUE NÃO EXISTEM NESSA PALAVRA.

  A   E   I   O   U

- QUE VOGAL APARECE REPETIDA NESSA PALAVRA?

  _____

2. CIRCULE AS LETRAS **VERMELHAS** E **AZUIS**.

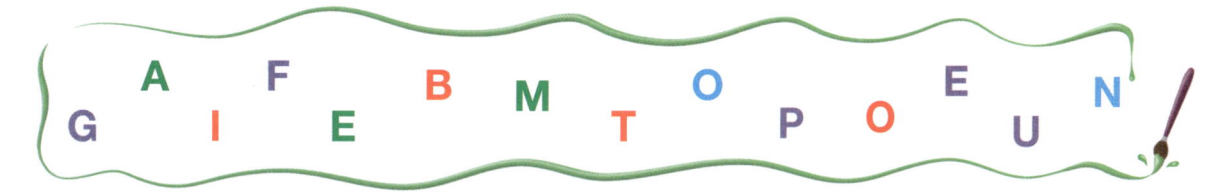

G A F E B M T O P O E U N
  I   U

- JUNTE ESSAS LETRAS E DESCUBRA UM SINÔNIMO DE **BELO**. QUE PALAVRA VOCÊ DESCOBRIU? _____

- COMPLETE A FRASE COM ESSA PALAVRA.

  HOJE ESTÁ UM _____ DIA DE SOL.

- PINTE BEM BONITO A CENA.

3. COPIE AS LETRAS NOS LOCAIS INDICADOS E FORME UMA FRASE.

- QUE FRASE VOCÊ FORMOU?

  _____

- CIRCULE NESSA FRASE UM SINÔNIMO DE **INFELIZ**.

4. DESEMBARALHE AS LETRAS E DESCUBRA UM SINÔNIMO DE **PRETO**.

COMECE COM A LETRA **VERMELHA**!

R O N G E

_____

- COMPLETE A FRASE COM A PALAVRA QUE VOCÊ DESCOBRIU.

VI UM BELO CAVALO _____.

5. SIGA AS INSTRUÇÕES E FORME UM SINÔNIMO DE **VALENTE**.

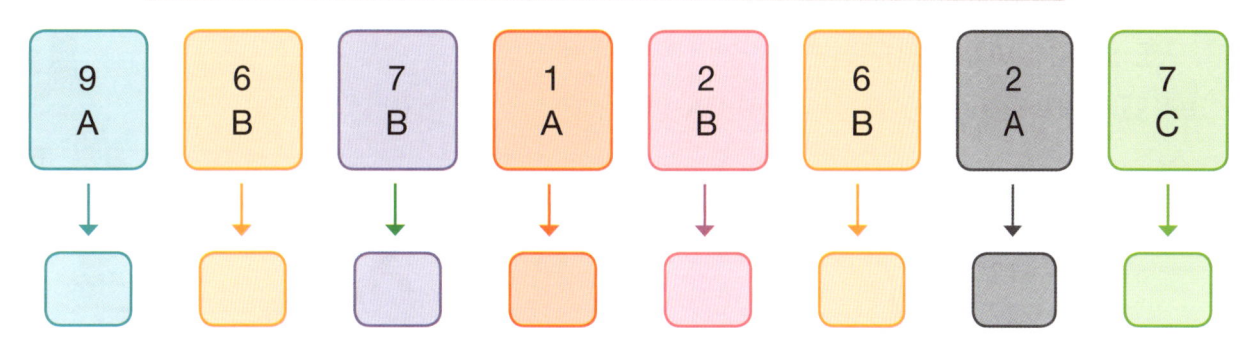

	1	2	3	4	5	6	7	8	9
A	A	S	B	E	V	P	Q	I	C
B	F	J	U	T	G	O	R	X	E
C	H	S	D	L	I	N	O	W	B

| 9 A | 6 B | 7 B | 1 A | 2 B | 6 B | 2 A | 7 C |

- COMPLETE A FRASE COM A PALAVRA QUE VOCÊ FORMOU.

    O SUPER-HERÓI É MUITO _____.

- COLE O ADESIVO DA PÁGINA 258 AQUI E PINTE A CENA.

CH

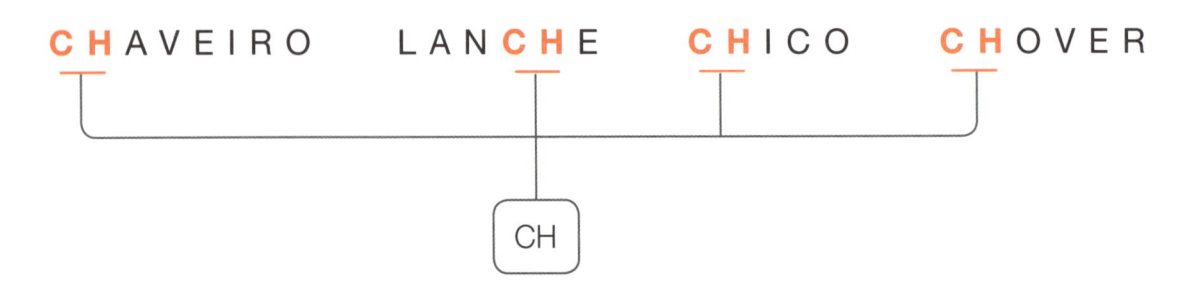

A MOCHILA DO SEU CHICO

LÁ VAI SEU CHICO COM SUA MOCHILA.
DENTRO DELA TEM MUITA COISA:
LÁPIS, CANETA, CHAVEIRO,
SUCO, LANCHE, CHOCOLATE.
QUANTA COISA NESSA MOCHILA!
— E SE CHOVER, SEU CHICO?
— SE CHOVER, TIRO MEU GUARDA-CHUVA!

SIMONE ZIASCH

CHAVEIRO   LAN**CH**E   **CH**ICO   **CH**OVER

CH

A LETRA **H** SOZINHA NÃO REPRESENTA SOM ALGUM. QUANDO, PORÉM, ELA SE JUNTA À LETRA **C**, O GRUPO **CH** PASSA A REPRESENTAR UM SOM, COMO EM **CHAVEIRO**.

ATIVIDADES

1. JUNTE **CH** ÀS VOGAIS E FORME SÍLABAS. DEPOIS, COMPLETE AS PALAVRAS COM ESSAS SÍLABAS.

CH + A = _____ → ☐ ☐ ☐ V E

CH + E = _____ → ☐ ☐ ☐ F E

CH + I = _____ → M O ☐ ☐ L A

CH + O = _____ → ☐ ☐ ☐ C O L A T E

CH + U = _____ → ☐ ☐ ☐ V A

CHA   CHE   CHI   CHO   CHU

2. CIRCULE AS PALAVRAS COM **CH** QUE HÁ NA CAPA DESTA REVISTA.

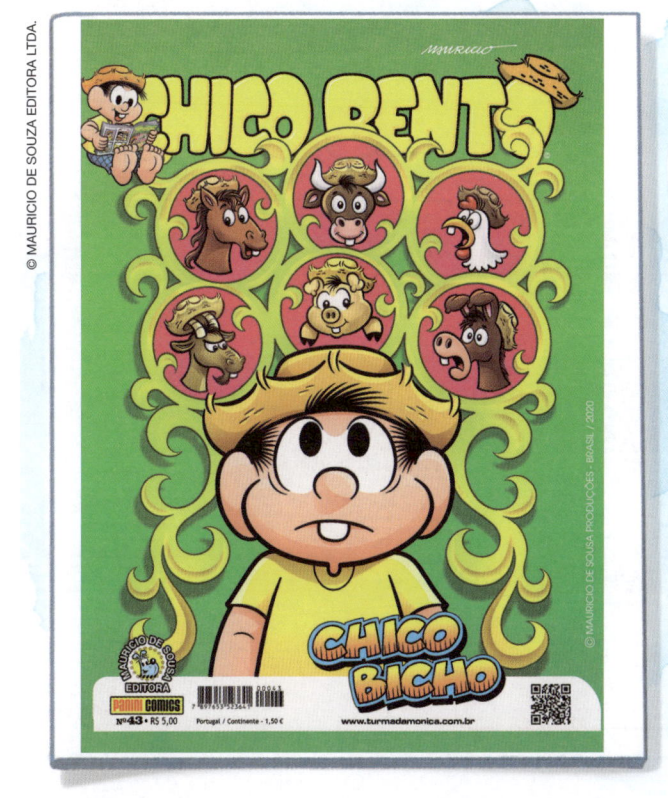

- DEPOIS, COPIE ESSAS PALAVRAS ACIMA.

3. JUNTE AS SÍLABAS DA MESMA COR E FORME PALAVRAS.

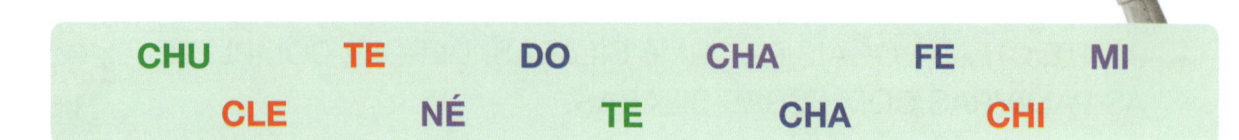

CHU	TE	DO	CHA	FE	MI
CLE	NÉ	TE	CHA		CHI

- QUE PALAVRAS VOCÊ FORMOU?

_____

_____

4. ORGANIZE AS PALAVRAS PARA FORMAR UMA FRASE.

A   SANDUÍCHE   VOU   BOLACHA   O   PEGAR   E

- QUE FRASE VOCÊ FORMOU?

_____

_____

> OS GRUPOS DE LETRAS **CHA, CHE, CHI, CHO, CHU** FORMAM SÍLABAS E NÃO SE SEPARAM.

- SEPARE AS SÍLABAS DAS PALAVRAS ESCRITAS COM **CH**.

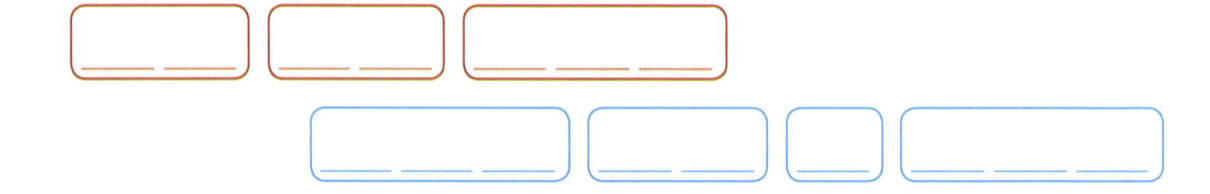

☐ ☐ ☐

☐ ☐ ☐ ☐

98

5. COLOQUE O **H** DEPOIS DO **C** E FORME NOVAS PALAVRAS.

CAPA → CHAPA

BICO → _____

CÃO → _____

TACO → _____

CAMA → _____

- QUAL PALAVRA TEM UMA VOGAL REPETIDA?

_____

- COMPLETE AS FRASES COM AS PALAVRAS QUE VOCÊ FORMOU.

① VI UM _____ EM CIMA DA CAMA.

② O CÃO ESTÁ DEITADO NO _____.

③ O FOGÃO ESTAVA COM A _____ FRACA.

④ DOCE FEITO NO _____ É MUITO BOM!

- QUAL DESSAS FRASES COMBINA COM A CENA ABAIXO?

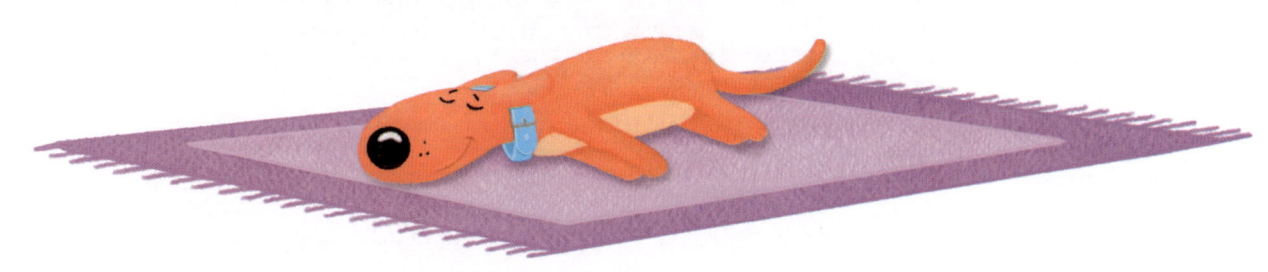

6. TROQUE OS SÍMBOLOS PELAS LETRAS E FORME O NOME DE UM JOGO DIVERTIDO.

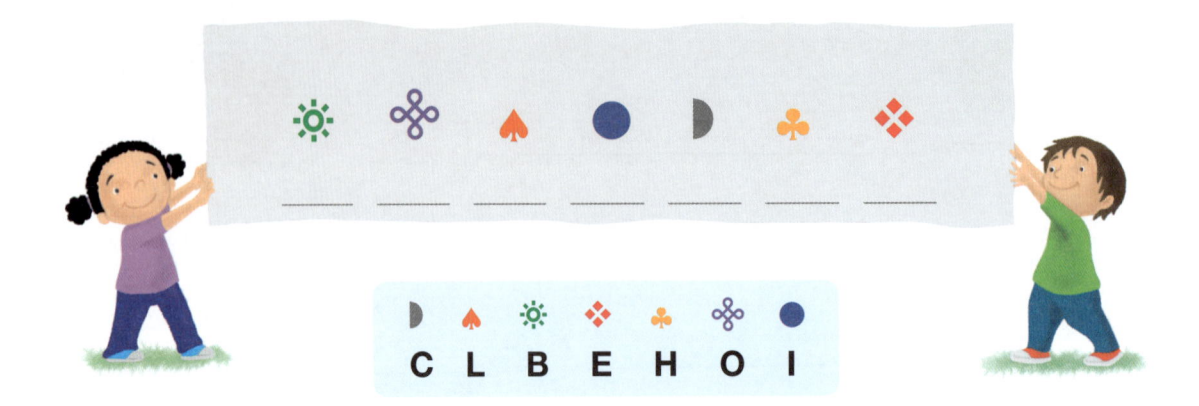

C L B E H O I

- SEPARE AS SÍLABAS DA PALAVRA QUE VOCÊ FORMOU.

7. QUEM CONSEGUE LER DEPRESSA SEM ERRAR?

ACHEI CHOCOLATE NO TACHO DA DONA CHICA.

O CHICLETE DO CHICO CAIU NO CHÃO SUJO DA SALA.

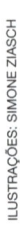

BRINCANDO E APRENDENDO

ENCONTRE CINCO OBJETOS QUE APARECEM APENAS EM UMA DAS CENAS.

- AGORA, ESCREVA O NOME DOS OBJETOS QUE VOCÊ ENCONTROU!

_____

_____

_____

_____

15

ANTÔNIMO

TRISTE E ALEGRE

O CÃOZINHO ESTÁ TRISTE,
SOZINHO NO QUINTAL.
DE REPENTE, OUVE PASSOS.
LEVANTA A CABEÇA,
ABANA O RABINHO,
E FICA MUITO ALEGRE:
SEU DONO CHEGOU!!
CORRE PRA CÁ, CORRE PRA LÁ,
QUE FESTA! ACABOU A TRISTEZA,
AGORA É SÓ ALEGRIA,
BRINCADEIRA E CORRERIA!

CÉLIA SIQUEIRA.
TEXTO ESCRITO ESPECIALMENTE PARA ESTA OBRA.

ILUSTRAÇÕES: ALBERTO DE STEFANO

TRISTE — ALEGRE
ANTÔNIMOS

ANTÔNIMOS SÃO PALAVRAS QUE TÊM SENTIDO CONTRÁRIO.

ATIVIDADES

1. SIGA AS LINHAS E DESCUBRA O ANTÔNIMO DE CADA PALAVRA.

SUJO — FEIO — CHEIO — PESADO

VAZIO — LIMPO — LEVE — LINDO

- COMPLETE AS FRASES COM OS ANTÔNIMOS QUE VOCÊ DESCOBRIU.

O COPO NÃO ESTÁ CHEIO, ESTÁ _____.

O JARDIM NÃO ESTÁ SUJO, ESTÁ _____.

ESSE DESENHO NÃO É FEIO, É _____.

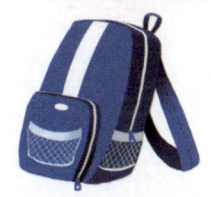

A MOCHILA NÃO É PESADA, É _____.

2. ESCREVA AS LETRAS INDICADAS E FORME UM SINÔNIMO DE **RISONHO**.

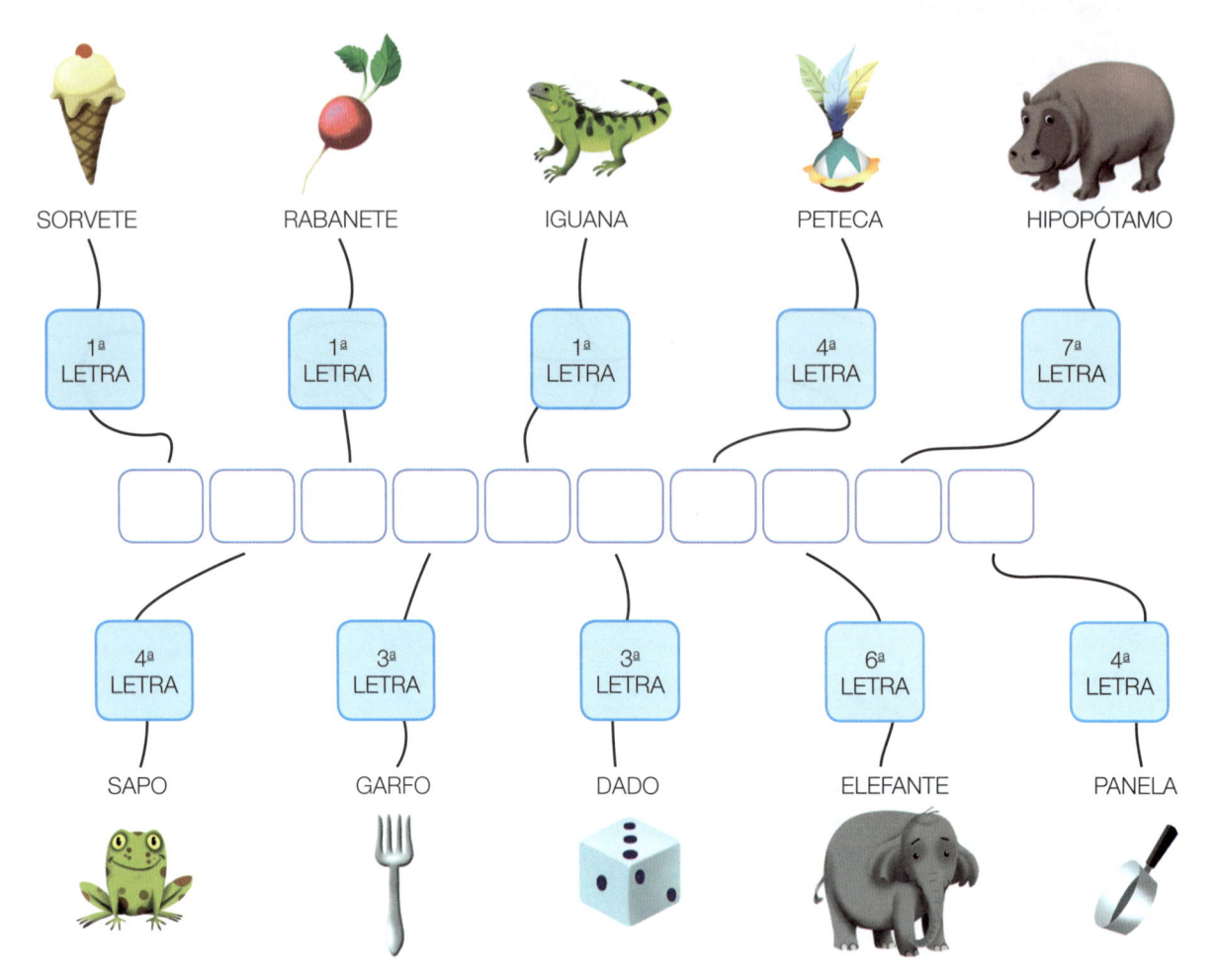

- SORVETE — 1ª LETRA
- RABANETE — 1ª LETRA
- IGUANA — 1ª LETRA
- PETECA — 4ª LETRA
- HIPOPÓTAMO — 7ª LETRA
- SAPO — 4ª LETRA
- GARFO — 3ª LETRA
- DADO — 3ª LETRA
- ELEFANTE — 6ª LETRA
- PANELA — 4ª LETRA

- COPIE A PALAVRA QUE VOCÊ FORMOU.

_____

- AGORA, DESEMBARALHE AS LETRAS E FORME UM ANTÔNIMO DESSA PALAVRA.

ESSE ANTÔNIMO COMEÇA COM A LETRA **VERMELHA** E TERMINA COM A LETRA **AZUL**.

É R O S I ⟶ _____

3. LIGUE CADA PALAVRA AO SEU ANTÔNIMO.

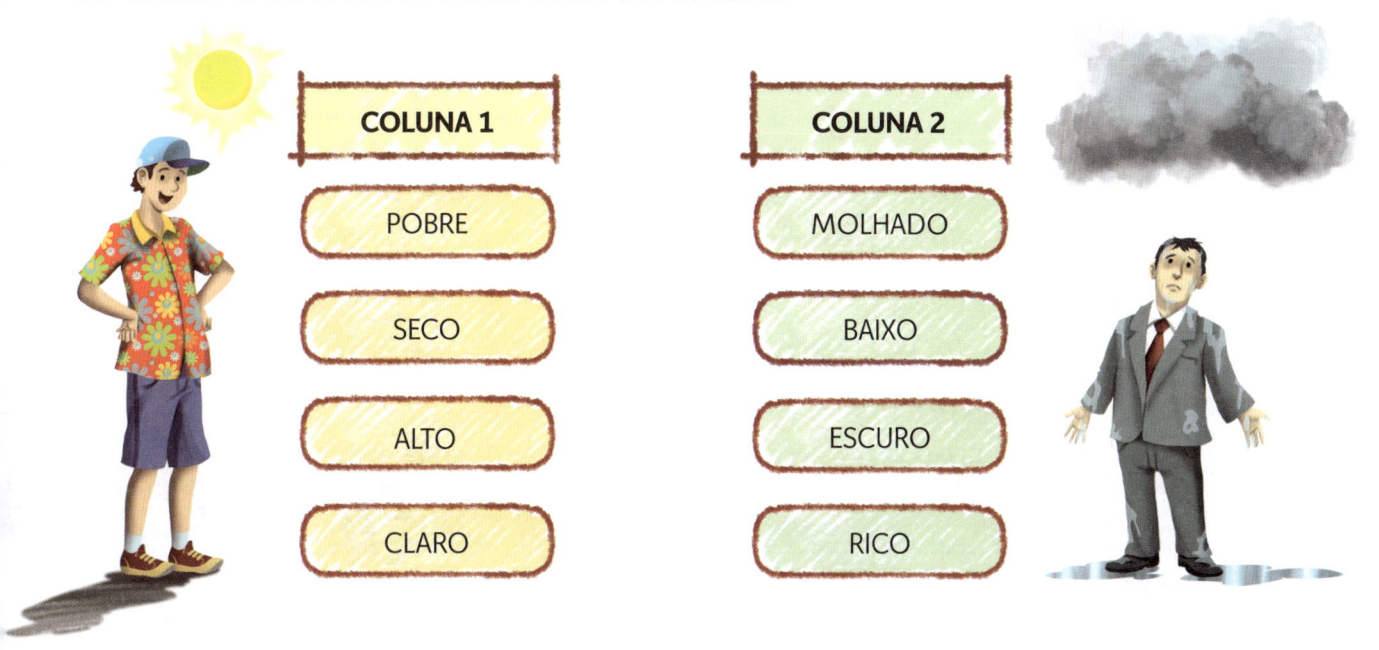

COLUNA 1	COLUNA 2
POBRE	MOLHADO
SECO	BAIXO
ALTO	ESCURO
CLARO	RICO

- AS PALAVRAS DA COLUNA 2 ESTÃO ESCONDIDAS NA NUVEM ABAIXO. VOCÊ CONSEGUE ACHÁ-LAS?

```
P O B E T O I C O R
E B A I X O N A T E
R I C O L I B E A N
S C O F A L T S E C
B R M O L H A D O E
C A R O N R I E N A
E S C U R O S F A M
```

ILUSTRAÇÕES: ALBERTO DE STEFANO

105

4. LEIA O TEXTO.

UMA FESTA MUITO ESTRANHA

LÁ NA FESTA DA FLORESTA
EU VI BICHOS MUITO ESTRANHOS.
BICHO PEQUENO E GRANDE,
BICHO LENTO E VELOZ,
BICHO MANSO E BICHO FEROZ.
MAS QUE ESTRANHA FESTA,
ESSA FESTA NA FLORESTA!

- COMPLETE AS FRASES COM OS ANTÔNIMOS QUE ESTÃO NO TEXTO.

O TATU É PEQUENO, E A GIRAFA É _____.

O PÁSSARO É CALMO, E O GORILA É _____.

A LEBRE É VELOZ, E O CARACOL É _____.

5. COPIE AS LETRAS NOS LOCAIS INDICADOS E FORME DUAS PALAVRAS.

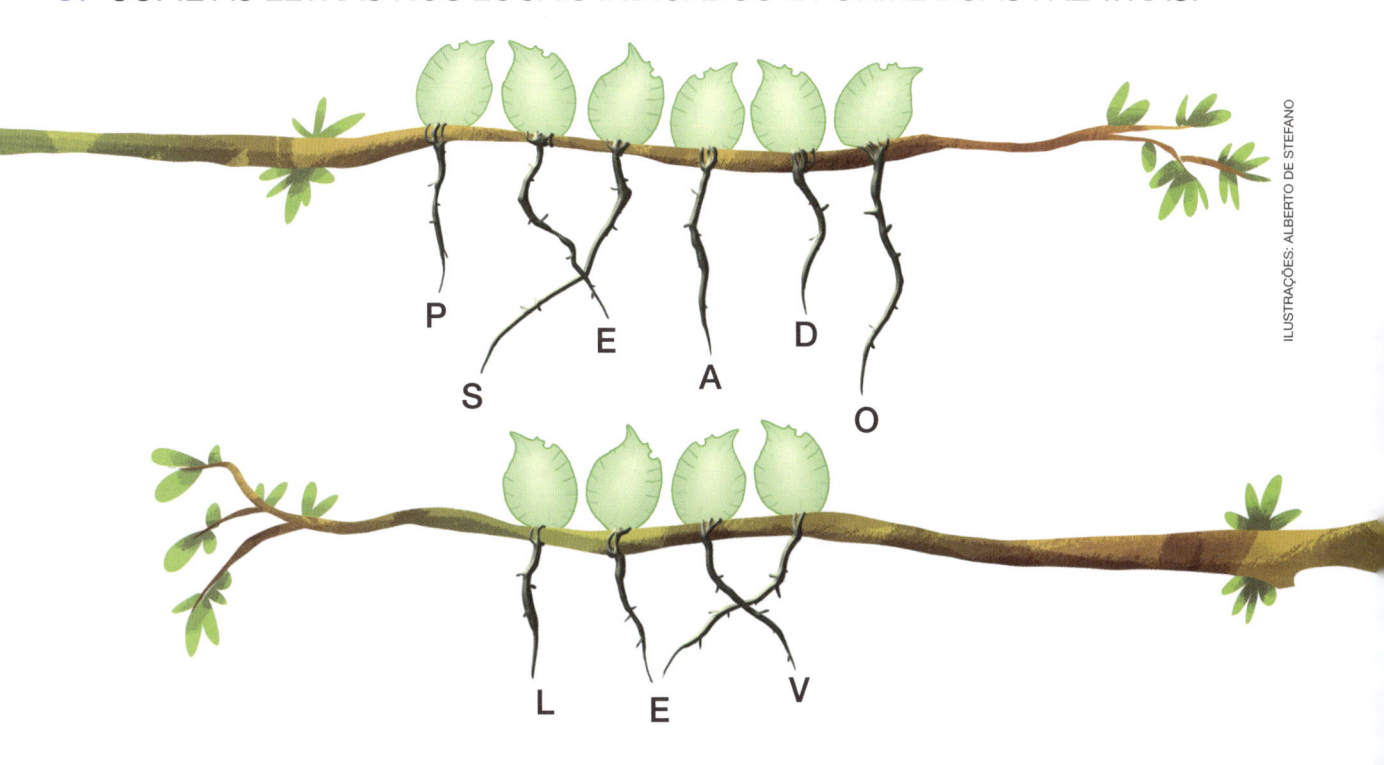

P
S E A D
      O

L E V

- O QUE SÃO AS PALAVRAS QUE VOCÊ FORMOU?

  ☐ SINÔNIMOS.   ☐ ANTÔNIMOS.

- ESCREVA AS PALAVRAS QUE VOCÊ FORMOU NOS LUGARES CERTOS. DEPOIS, ACABE DE PINTAR A CENA.

BICHO _____

BICHO _____

NH

GALINHA ASSUSTADA

LÁ NO SÍTIO DO VIZINHO
HAVIA UMA GALINHA ASSUSTADA.
QUANDO VIA UMA MINHOCA,
FUGIA LOGO APAVORADA!

VIZI**NH**O   GALI**NH**A   MI**NH**OCA

NH

A LETRA **H** SOZINHA NÃO REPRESENTA NENHUM SOM. QUANDO ELA SE JUNTA À LETRA **N**, O GRUPO **NH** PASSA A REPRESENTAR UM SOM, COMO NA PALAVRA **GALINHA**.

ATIVIDADES

1. JUNTE **NH** ÀS VOGAIS E FORME SÍLABAS.

NH + A = _____ → | B | O | L | I | | | |

NH + E = _____ → | D | I | | | I | R | O |

NH + I = _____ → | D | E | S | E | | | S | T | A |

NH + O = _____ → | D | E | D | I | | | |

NH + U = _____ → | N | E | | | M | A |

- AGORA, COMPLETE AS PALAVRAS COM AS SÍLABAS QUE VOCÊ FORMOU. DEPOIS, LEIA AS PALAVRAS EM VOZ ALTA.

> NHA   NHE   NHI   NHO   NHU

2. COMPLETE OS NOMES DOS ANIMAIS COM **NHA** OU **NHO**.

GAFA _____ TO   JOANI _____   GALI _____   CEGO _____

- AGORA, COPIE OS NOMES EMBAIXO DAS FIGURAS.

_____   _____

_____   _____

ILUSTRAÇÕES: ALBERTO DE STEFANO

3. TROQUE OS SÍMBOLOS PELAS LETRAS E FORME O NOME DE UM MAMÍFERO QUE DÁ GRANDES SALTOS NO MAR.

L I G O F H N

- ESCREVA O NOME DESSE ANIMAL.

_____

- COLE NA CENA O ADESIVO DA PÁGINA 258 QUE ILUSTRA ESSE MAMÍFERO.

4. COMPLETE AS FRASES COM AS PALAVRAS ABAIXO.

GATINHA   RAINHA   BANHEIRO   GALINHA

O REI É CASADO COM A _____.

A _____ BOTA OVO.

VOU TOMAR BANHO NESSE _____.

A _____ CUIDA DOS FILHOTES.

- AGORA LEIA AS FRASES EM VOZ ALTA.

5. LEIA ESTAS PALAVRAS.

PAMONHA MINHOCA BANHEIRA LENHA NINHO ARANHA

- AGORA, OBSERVE AS FIGURAS E COMPLETE A CRUZADINHA COM AS PALAVRAS QUE VOCÊ LEU.

P A M O N H A

B A N H E I R A

BRINCANDO E APRENDENDO

SIGA AS LINHAS E AJUDE AS ANDORINHAS A ACHAREM O CAMINHO PARA SEUS NINHOS. DEPOIS, CONTORNE CADA LINHA COM UMA COR DIFERENTE.

- ORDENE AS PALAVRAS E FORME UMA FRASE.

| O | VOA | NINHO | PARA | ANDORINHA | A |

_____

_____

- COLE O ADESIVO DA PÁGINA 259 NO LUGAR CERTO.

- AGORA, ACABE DE PINTAR A CENA.

REVISÃO

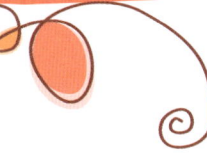

1. LEIA EM VOZ ALTA.

QUE VERGONHA!

ERA UMA VEZ
UMA GATINHA VAIDOSA.

LEVOU UM ESCORREGÃO
FICOU HORROROSA!

- FAÇA UM TRAÇO **VERMELHO** EMBAIXO DAS PALAVRAS EM QUE O **S** TEM SOM DE **Z**.

- FAÇA UM TRAÇO **AZUL** EMBAIXO DAS PALAVRAS QUE TÊM **RR**.

- COPIE DO TEXTO DUAS PALAVRAS COM **NH**.

_____

- SEPARE AS SÍLABAS DE **ESCORREGÃO**.

REVISÃO

2. LEIA EM VOZ ALTA.

PRATO   PLACA   FRUTA   FLOR   COBRA   BLUSA

- ACHE AS PALAVRAS NO QUADRO DE LETRAS.

```
L A P R T F L O R U
E C O B R A T A T E
P R A T O N O B I A
F O M F A P O T O E
B R F R U T A R Z E
N O R E B L U S A E
A P L A C A S F A M
```

- COPIE AS PALAVRAS EMBAIXO DAS FIGURAS.

_____   _____

_____   _____

_____   _____

3. COLOQUE TIL NAS PALAVRAS COLORIDAS.

ESSE CAO É DO JOAO.

OS LEOES ESTAO DORMINDO.

MINHA IRMA COMPROU MAÇAS E MELAO.

O PAO E O FEIJAO ESTAO NA MESA.

- DEPOIS, LEIA AS FRASES EM VOZ ALTA.

4. AS LETRAS VERMELHAS TROCARAM DE LUGAR. COLOQUE-AS NA POSIÇÃO CERTA.

GARATO ⟶ GAROTA

PIONA ⟶ _____

CHINOLE ⟶ _____

CORRADI ⟶ _____

CAMONHI ⟶ _____

FILHETO ⟶ _____

- COMPLETE AS FRASES COM PALAVRAS QUE VOCÊ FORMOU.

A ANDORINHA LEVOU COMIDA PARA O _____.

MARINA SABE TOCAR _____.

VOVÔ GOSTA DE USAR _____ EM CASA.

REVISÃO

5. COMPLETE O TEXTO USANDO AS PALAVRAS **LÁ** E **LÃ**.

QUEM MORA _____ NO POLO NORTE

USA SEMPRE ROUPA DE _____.

- LEIA A FRASE EM VOZ ALTA.

6. COLOQUE O ACENTO CORRETO NAS PALAVRAS, DE ACORDO COM A FIGURA.

AVO   AVO

7. ZÉ LELÉ QUIS IMITAR ANIMAIS. VEJA O QUE ACONTECEU.

ZÉ LELÉ em IMITAÇÃO PERFEITA

REVISÃO

REVISTA CHICO BENTO, Nº 56, AGO. 2011, P. 31-33.

- QUE ANIMAIS O ZÉ LELÉ CONSEGUIU IMITAR?

_____

- POR QUE ELE NÃO CONSEGUIU IMITAR UM DOS ANIMAIS?

HORA DA HISTÓRIA

A FORMIGA E A POMBA

ERA UM LINDO DIA NA FLORESTA QUANDO A FORMIGA RESOLVEU IR TOMAR SOL DO OUTRO LADO DO RIO, ONDE HAVIA UM CAMPO CHEIO DE FLORES CHEIROSAS.

ESTAVA A FORMIGA ATRAVESSANDO O RIO, PULANDO DE PEDRINHA EM PEDRINHA, QUANDO, DE REPENTE, ESCORREGOU E CAIU NA ÁGUA: *TCHIBUM*!

E AGORA? A FORMIGA NÃO SABIA NADAR! ELA COMEÇOU A SE DEBATER, SE REVIRANDO COMO PODIA. O QUE ELA NÃO QUERIA ERA SER LEVADA CORRENTEZA ABAIXO E DESCER PELA CACHOEIRA!

DO ALTO DA ÁRVORE MAIS PRÓXIMA DA MARGEM, UMA POMBA MUITO BONITA OBSERVAVA TUDO. PERCEBENDO QUE A FORMIGA ESTAVA SENDO LEVADA, A POMBA TEVE UMA IDEIA: PEGOU UM GALHINHO QUE ESTAVA NA MARGEM DO RIO, VOOU E O JOGOU PERTO DA FORMIGA.

A FORMIGA LOGO VIU O GALHINHO E, PARA ELA, AQUILO ERA COMO UM BARCO SALVA-VIDAS! AGARRANDO-SE AO GALHO, CONSEGUIU SE EQUILIBRAR. O GALHO ENCOSTOU EM UMA DAS PEDRAS QUE A FORMIGA USAVA PARA ATRAVESSAR O RIO E FOI ASSIM QUE ELA CONSEGUIU RETOMAR SEU CAMINHO E CHEGAR A SALVO DO OUTRO LADO. A FORMIGA OLHOU PARA

CIMA À PROCURA DA POMBA, PARA AGRADECER A SUA SALVADORA.

    NESSE MOMENTO, VIU UM HOMEM ESCONDIDO NA MATA. O HOMEM OLHAVA AS ÁRVORES E ESTAVA COM UMA REDE NA MÃO. FOI AÍ QUE A FORMIGA PERCEBEU: O HOMEM IA CAÇAR A POMBINHA!

    CORRENDO ENTRE AS FOLHAGENS, A FORMIGA CHEGOU PERTO DO HOMEM, QUE JÁ SE PREPARAVA PARA PEGAR A POMBINHA. A FORMIGA APROVEITOU QUE ELE ESTAVA DISTRAÍDO E LHE DEU UMA MORDIDA NA CANELA!

    — AI! — GRITOU O HOMEM.

    O GRITO FOI TÃO ALTO QUE A POMBINHA E TODOS OS PASSARINHOS SE ASSUSTARAM E VOARAM PARA O ALTO DAS ÁRVORES. A FORMIGA PULOU NO CHÃO E FUGIU.

    LÁ DO ALTO, A POMBINHA DISSE PARA A FORMIGA:

    — OBRIGADA, AMIGA!

    PRONTO! AGORA TUDO ESTAVA EM PAZ. A FORMIGA TINHA RETRIBUÍDO O FAVOR: SALVOU A POMBINHA QUE TINHA SALVADO SUA VIDA.

RENATA TUFANO. VERSÃO DA FÁBULA DE ESOPO ESCRITA ESPECIALMENTE PARA ESTA OBRA.

HORA DA HISTÓRIA

ATIVIDADES

1. PINTE APENAS OS ANIMAIS QUE PARTICIPAM DA HISTÓRIA.

2. NUMERE AS CENAS NA ORDEM DOS ACONTECIMENTOS.

3. O QUE É **TCHIBUM**?

☐ O SOM DA FORMIGA CAINDO NA ÁGUA.

☐ O GRITO DA FORMIGA AO CAIR NA ÁGUA.

4. VOCÊ ACHA QUE A FORMIGA AGIU BEM? POR QUÊ?

CONVERSE COM OS COLEGAS.

5. COLE O ADESIVO DA PÁGINA 259 NO LOCAL CERTO. DEPOIS, ACABE DE PINTAR A CENA.

16

▸ VÍRGULA E PONTO-FINAL

A URSA E OS URSINHOS

A URSA BRINCA COM OS FILHOTES.
ELA É CUIDADOSA, ESTÁ ATENTA E TOMA CONTA DELES.
ELES SÃO BRANQUINHOS E GOSTAM DE CORRER DE UM LADO PARA O OUTRO.
VOCÊ JÁ VIU UMA FAMÍLIA DE URSOS?

ELA É CUIDADOSA, ESTÁ ATENTA E TOMA CONTA DELES.

VÍRGULA

PONTO-FINAL

OBSERVE QUE HÁ DOIS SINAIS NA FRASE: A **VÍRGULA** E O **PONTO-FINAL**.
QUANDO LEMOS UM TEXTO, DEVEMOS PRESTAR ATENÇÃO AOS SINAIS, POIS ELES NOS AJUDAM A ENTENDER MELHOR O QUE ESTAMOS LENDO.

> A **VÍRGULA** INDICA QUE A FRASE NÃO TERMINOU. PODEMOS FAZER UMA PEQUENA PAUSA DEPOIS DELA, MAS A FRASE CONTINUA.
> O **PONTO-FINAL** INDICA QUE A FRASE ACABOU. PODEMOS FAZER UMA PAUSA MAIOR ANTES DE CONTINUAR A LEITURA.

ATIVIDADES

1. A VÍRGULA É USADA EM VÁRIAS SITUAÇÕES. POR EXEMPLO, QUANDO FAZEMOS UMA LISTA OU UMA ENUMERAÇÃO.

MAMÃE COMPROU BANANAS, LARANJAS, MAÇÃS.
                                     VÍRGULA   PONTO-FINAL

- AGORA, COLOQUE VÍRGULA E PONTO-FINAL NAS FRASES.

COMI FEIJÃO ☐ ARROZ ☐ SALADA ☐

SEI LER ☐ ESCREVER ☐ CONTAR ☐

A GATA ☐ O GATO ☐ OS GATINHOS ESTÃO DORMINDO ☐

TITIA OFERECEU DOCES ☐ BOLOS ☐ SORVETES ☐

2. SIGA AS INDICAÇÕES E FORME UMA FRASE.

1	2	3	4	5
A	R	F	N	Ó	X
B	D	A	T	J	U
C	M	O	S	P	E
D	Z	B	L	V	Ã
E	G	C	H	I	K

- AGORA, COPIE A FRASE QUE VOCÊ FORMOU E COLOQUE VÍRGULA E PONTO-FINAL NOS LOCAIS CERTOS.

3. USAMOS TAMBÉM A VÍRGULA E O PONTO-FINAL QUANDO ESCREVEMOS DATAS. OBSERVE:

BRASÍLIA, 12 DE OUTUBRO DE 2019.
↑ VÍRGULA   ↑ PONTO-FINAL

CAMPINAS, 20 DE MAIO DE 2020.
↑ VÍRGULA   ↑ PONTO-FINAL

- LEIA AS DATAS E COLOQUE A VÍRGULA E O PONTO-FINAL QUE ESTÃO FALTANDO.

MACEIÓ 5 DE AGOSTO DE 2017

PELOTAS 26 DE JANEIRO DE 2002

MANAUS 29 DE ABRIL DE 2010

PORTO ALEGRE 7 DE MAIO DE 2020

- AGORA, ESCREVA A DATA DE HOJE.

LH

ERA UMA VEZ
UM GATO VERMELHO.
ENTROU NO BANHEIRO
E FEZ CARETA NO ESPELHO.

BIA VILLELA. *ERA UMA VEZ UM GATO XADREZ...*
SÃO PAULO: MODERNA, 2016. P. 9.

V E R M E **LH** O   E S P E **LH** O

LH

A LETRA **H** SOZINHA NÃO REPRESENTA NENHUM SOM. QUANDO ELA SE JUNTA À LETRA **L**, O GRUPO **LH** PASSA A REPRESENTAR UM SOM, COMO NA PALAVRA **ESPELHO**.

ATIVIDADES

1. JUNTE **LH** ÀS VOGAIS E FORME SÍLABAS. DEPOIS, COMPLETE AS PALAVRAS COM AS SÍLABAS QUE VOCÊ FORMOU.

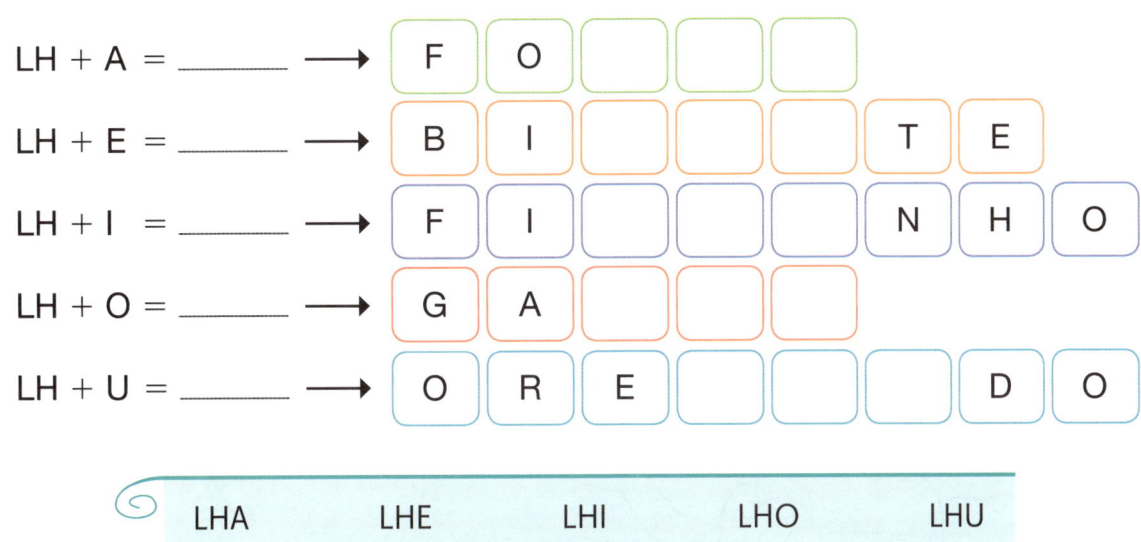

LH + A = _____ ⟶ F O ☐ ☐ ☐

LH + E = _____ ⟶ B I ☐ ☐ ☐ T E

LH + I = _____ ⟶ F I ☐ ☐ ☐ N H O

LH + O = _____ ⟶ G A ☐ ☐ ☐

LH + U = _____ ⟶ O R E ☐ ☐ ☐ D O

| LHA | LHE | LHI | LHO | LHU |

2. OBSERVE A SEPARAÇÃO DAS SÍLABAS.

TELHADO — TE | LHA | DO

OS GRUPOS DE LETRAS **LHA**, **LHE**, **LHI**, **LHO**, **LHU** FORMAM SÍLABAS E NÃO SE SEPARAM.

- AGORA É SUA VEZ! SEPARE AS SÍLABAS DESTAS PALAVRAS.

    FILHOTE ____ ____ ____ ____ ____ ____

    BARULHO ____ ____ ____ ____ ____

    MILHO   ____ ____ ____

    OLHO   ____ ____ ____

3. JUNTE AS LETRAS **AZUIS** E FORME O NOME DE UM INSETO QUE PRODUZ MEL.

O A D B C E F G L T H U A N

___ ___ ___ ___ ___

- SEPARE AS SÍLABAS DESSA PALAVRA.

- COLE O ADESIVO DA PÁGINA 259 AQUI E ACABE DE PINTAR A CENA.

4. VAMOS FORMAR PALAVRAS!

JOELHO ⟶ TROQUE **J** POR **C** = _____

PALHA ⟶ TROQUE **P** POR **M** = _____

FOLHA ⟶ TROQUE **F** POR **R** = _____

FILHA ⟶ TROQUE **F** POR **P** = _____

5. LEIA AS FRASES EM VOZ ALTA.

A MULHER APAGA AS VELAS, MAS ELA NÃO É VELHA.

O GALO SUBIU NO GALHO E PULOU NO TELHADO.

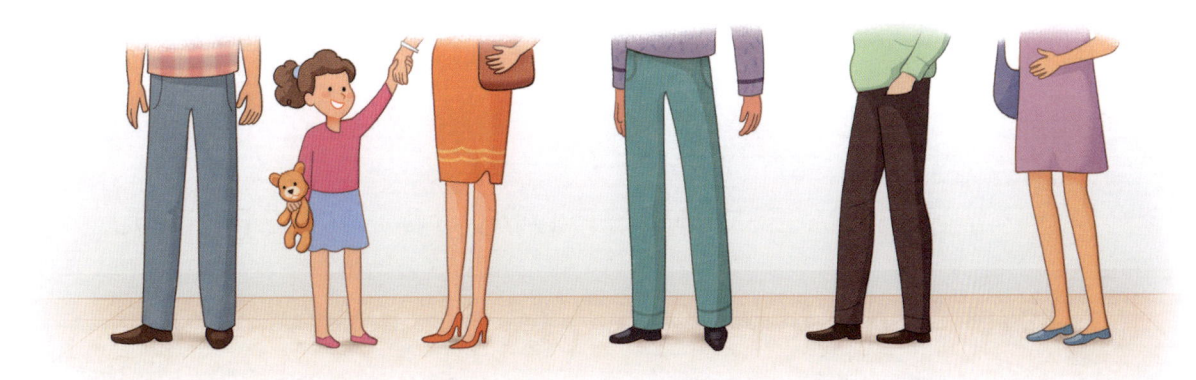

MINHA FILHA ESTÁ NA FILA.

- SUBLINHE DE **VERMELHO** AS PALAVRAS QUE TÊM **LH**.

- QUAL DESSAS PALAVRAS TEM MAIS SÍLABAS?

6. ORDENE AS SÍLABAS E FORME PALAVRAS.

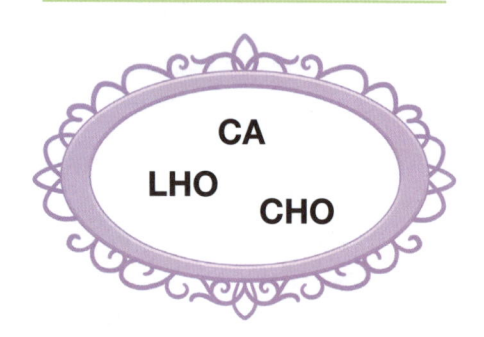

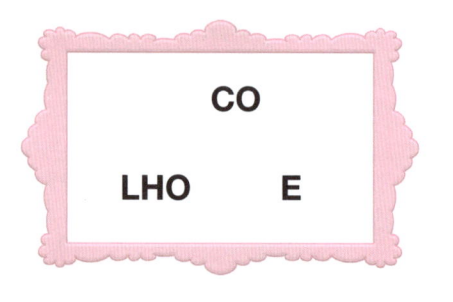

A LHA TO	DA LHA ME
A LHA GU	CA LHO CHO
LHO MI	CO LHO E

- COMPLETE AS FRASES COM AS PALAVRAS QUE VOCÊ FORMOU.

  - O BEBÊ BRINCA COM O _____.

  - O CAMPEÃO GANHOU UMA _____.

  - MAMÃE COSTURA COM A _____.

  - VOU ENXUGAR AS MÃOS NA _____.

  - BETE COMEU PÃO DE _____.

  - A MENINA VIU UM _____.

BRINCANDO E APRENDENDO

ESCREVA AS LETRAS NOS LOCAIS INDICADOS E DESCUBRA O NOME QUE SE DÁ À MÃE DO CORDEIRO.

- SEPARE AS SÍLABAS DA PALAVRA QUE VOCÊ FORMOU.

- AGORA, AJUDE O CORDEIRINHO A ENCONTRAR SUA MÃE SEGUINDO A TRILHA DE PALAVRAS COM **LH**.

17

▸ PONTO DE INTERROGAÇÃO

O QUE VOCÊ QUER SER?

MARINA QUER SER BAILARINA,
PEDRINHO QUER SER CANTOR,
FABIANA QUER SER MÉDICA,
CAIO QUER SER PROFESSOR.
— E O QUE VOCÊ QUER SER, LUÍS?
— EU SÓ QUERO SER FELIZ!!!

RENATA SIQUEIRA.
TEXTO ESPECIALMENTE ESCRITO PARA ESTA OBRA.

O QUE VOCÊ QUER SER **?**
PONTO DE INTERROGAÇÃO

O SINAL (**?**) INDICA QUE ESTAMOS FAZENDO UMA PERGUNTA. ESSE SINAL SE CHAMA **PONTO DE INTERROGAÇÃO**.

ATIVIDADES

1. LEIA OS TÍTULOS DOS LIVROS EM VOZ ALTA.

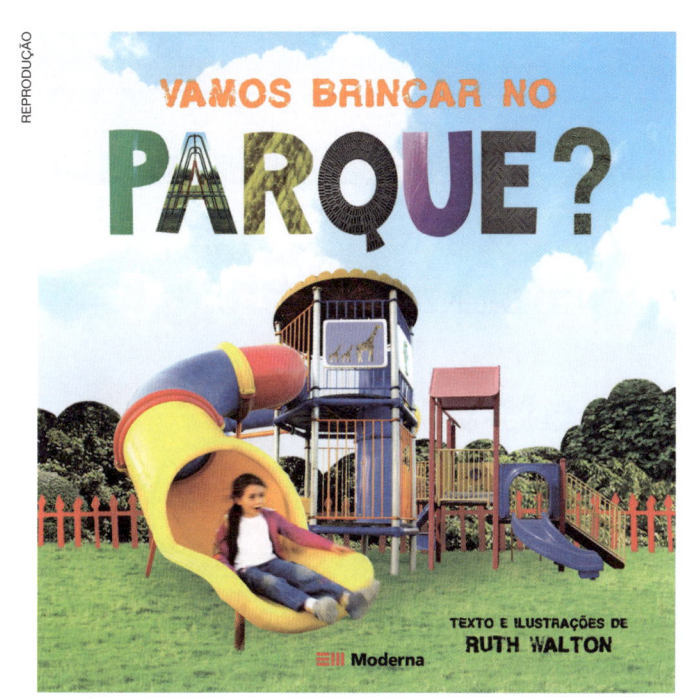

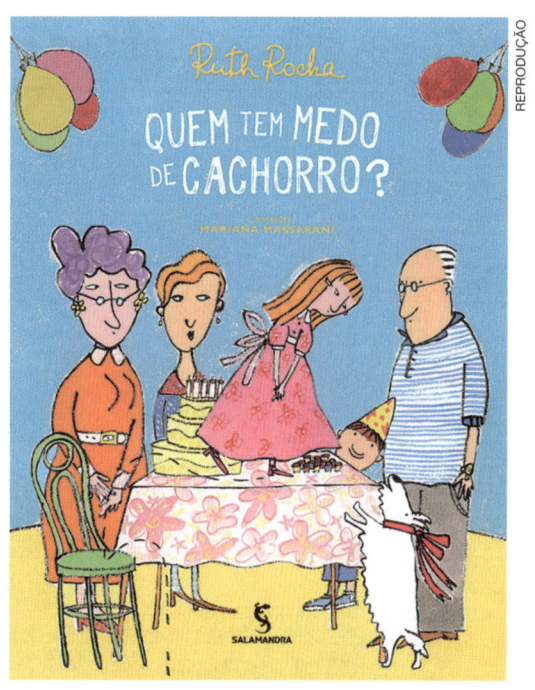

- CIRCULE OS PONTOS DE INTERROGAÇÃO USADOS NOS TÍTULOS.

2. ESCREVA O PONTO DE INTERROGAÇÃO NOS QUADRINHOS.

QUE DIA É HOJE ☐

COMO VOCÊ SE CHAMA ☐

QUE HORAS SÃO ☐

O QUE ACONTECEU ☐

- AGORA, LEIA AS FRASES EM VOZ ALTA.

3. LEIA ESTAS FRASES EM VOZ ALTA.

ATENÇÃO À PONTUAÇÃO!

☐ O JOGO ACABOU.

☐ O JOGO ACABOU?

- FAÇA UM **X** NO ☐ DA PERGUNTA.

4. TROQUE O PONTO-FINAL PELO PONTO DE INTERROGAÇÃO.

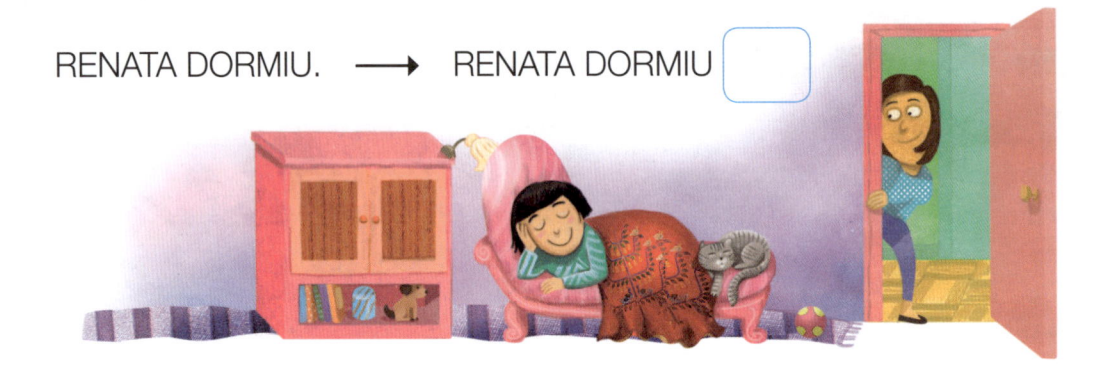

RENATA DORMIU. → RENATA DORMIU ☐

O CACHORRO LATIU. → O CACHORRO LATIU ☐

A CHUVA PAROU. → A CHUVA PAROU ☐

- AGORA, LEIA AS FRASES EM VOZ ALTA.

5. ESCREVA AS LETRAS NOS LOCAIS INDICADOS E FORME UMA FRASE.

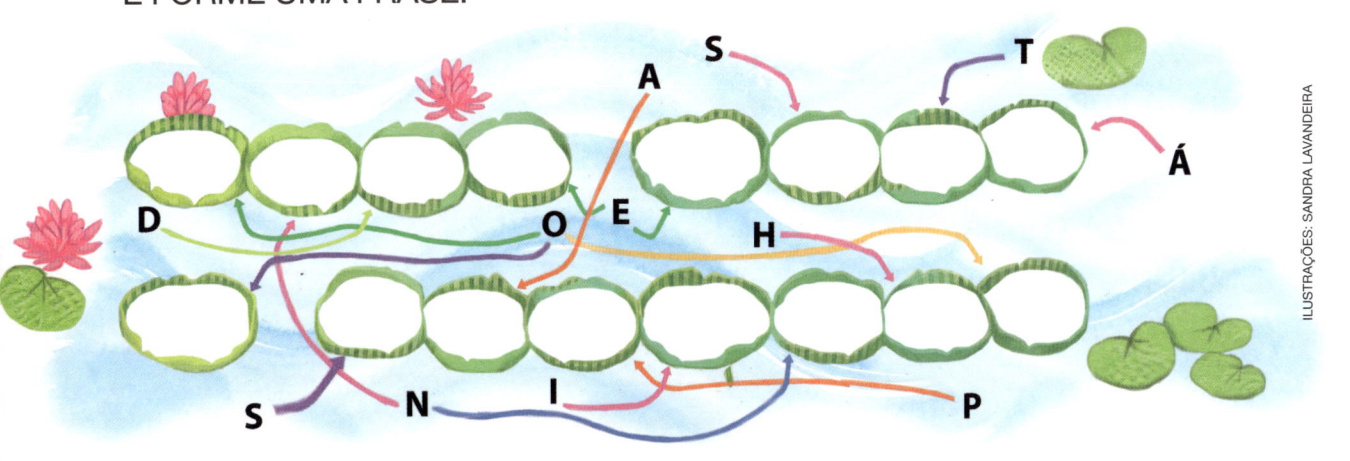

- AGORA, COPIE A FRASE QUE VOCÊ FORMOU, USANDO PONTO DE INTERROGAÇÃO.

_____

- NESTA CENA, ESTÃO ESCONDIDOS 3 SAPINHOS E 3 PASSARINHOS. VOCÊ CONSEGUE ACHÁ-LOS?

CIRCULE DE **AZUL** OS SAPINHOS.
CIRCULE DE **VERMELHO** OS PASSARINHOS.

X COM SOM DE CH

O GATO XODÓ

O GATO XODÓ
É MUITO XERETA.

ENTROU NA COZINHA,
SUBIU NA PIA,
QUEBROU A XÍCARA!

CORREU PARA O QUARTO
E SE ENROLOU
NO XALE DA VOVÓ!

MAS QUE GATO SAPECA
É ESSE XODÓ!

CÉLIA SIQUEIRA.
TEXTO ESPECIALMENTE ESCRITO PARA ESTA OBRA.

XALE **X**ERETA **X**ÍCARA **X**ODÓ

X COM SOM DE CH

ATIVIDADES

1. JUNTE O **X** ÀS VOGAIS E FORME SÍLABAS.

X + A = _____ → | A | M | E | I | | |

X + E = _____ → | P | E | I | | |

X + I = _____ → | A | B | A | C | A | |

X + O = _____ → | L | I | | |

X + U = _____ → | E | N | | G | A | R |

- AGORA, COMPLETE AS PALAVRAS COM AS SÍLABAS QUE VOCÊ FORMOU.

XA   XE   XI   XO   XU

2. COMPLETE AS FRASES COM AS PALAVRAS A SEGUIR.

XALE   AMEIXA

O GATO XODÓ PEGOU O _____ DA VOVÓ.

XUXA GOSTA DE COMER _____.

- AGORA, LEIA AS FRASES EM VOZ ALTA.

3. SIGA AS INSTRUÇÕES E FORME O NOME DE UMA FRUTA.

	1	2	3	4	5	6	7
A	A	S	V	P	Q	C	Y
B	F	J	G	A	R	X	E
C	H	A	I	N	T	W	B

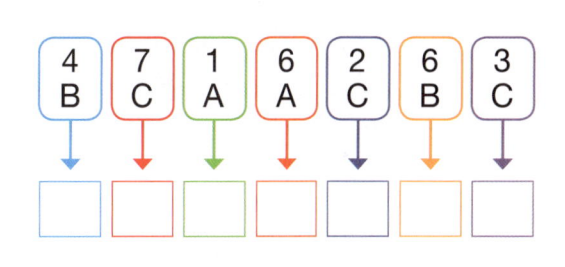

4B | 7C | 1A | 6A | 2C | 6B | 3C

4. FORME PALAVRAS SEGUINDO A NUMERAÇÃO DAS SÍLABAS.

XE	CO	LI	FA	XA	FE	NA	XI	RI	XO	PE	RO
1	2	3	4	5	6	7	8	9	10	11	12

4 + 8 + 7 = _____

3 + 5 = _____

1 + 9 + 6 = _____

3 + 10 = _____

5 + 12 + 11 = _____

2 + 5 = _____

5. O BALÃO AMARELO TEM TODAS AS LETRAS DO BALÃO VERDE, MENOS DUAS.

- QUE LETRAS ESTÃO FALTANDO NO BALÃO AMARELO? _____

6. ORDENE AS PALAVRAS E FORME UMA FRASE.

A   CAIU   LIXO   NO   LIXA

_____

- SUBLINHE DE **VERMELHO** AS PALAVRAS QUE TÊM **X**.

BRINCANDO E APRENDENDO

- COLE AQUI OS ADESIVOS DA PÁGINA 262.

_____   _____

_____   _____

_____   _____

- AGORA, ESCREVA O NOME DE CADA ANIMAL.

- SUBLINHE DE **VERMELHO** O NOME DO ANIMAL QUE NÃO COMBINA COM OS OUTROS.

18

▶ PONTO DE EXCLAMAÇÃO

QUE CALOR!

QUE CALOR! QUE DIA QUENTE!
VAMOS TODOS PARA A PRAIA!
VAMOS CORRER E BRINCAR!
E DEPOIS DE MUITA FARRA
UM BELO SORVETE TOMAR!

QUE CALOR**!**   QUE DIA QUENTE**!**

PONTO DE EXCLAMAÇÃO

O SINAL (**!**) É USADO PARA INDICAR ALEGRIA, SURPRESA, ESPANTO. ESSE SINAL SE CHAMA **PONTO DE EXCLAMAÇÃO**.

ATIVIDADES

1. ESCREVA O PONTO DE EXCLAMAÇÃO NOS QUADRINHOS.

QUE VENTANIA ☐

QUE FESTA ANIMADA ☐

BOM DIA, PESSOAL ☐

QUANTA COMIDA GOSTOSA ☐

- AGORA, LEIA AS FRASES EM VOZ ALTA.

2. CIRCULE O PONTO DE EXCLAMAÇÃO QUE APARECE NO TÍTULO DOS LIVROS.

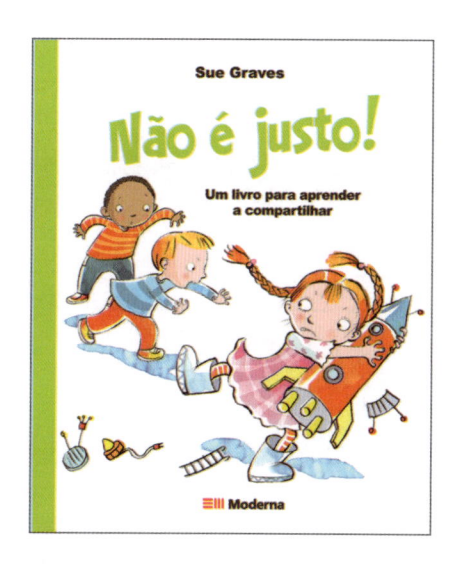

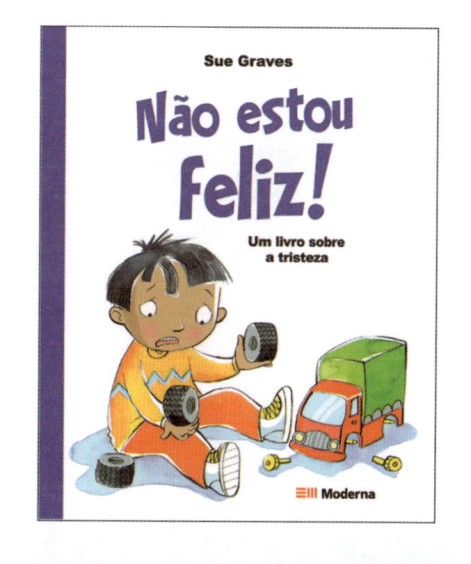

Sue Graves — **Não é justo!** Um livro para aprender a compartilhar

Sue Graves — **Não estou feliz!** Um livro sobre a tristeza

Sue Graves — **Que susto!** Um livro sobre o medo

QUE ROUPA LEGAL! TEXTO E ILUSTRAÇÕES DE RUTH WALTON

- LEIA OS TÍTULOS EM VOZ ALTA.

3. LEIA AS FRASES EM VOZ ALTA.

MEU AMIGO CHEGOU!   MEU AMIGO CHEGOU?

- PINTE DE **VERMELHO** O QUADRINHO DA PERGUNTA.
- PINTE DE **AZUL** O QUADRINHO DA FRASE QUE INDICA ALEGRIA OU SURPRESA.

4. COLOQUE PONTO DE EXCLAMAÇÃO OU DE INTERROGAÇÃO NAS FRASES.

JÁ É HORA DE DORMIR   JÁ É HORA DE DORMIR

5. SIGA AS INDICAÇÕES E FORME UMA FRASE.

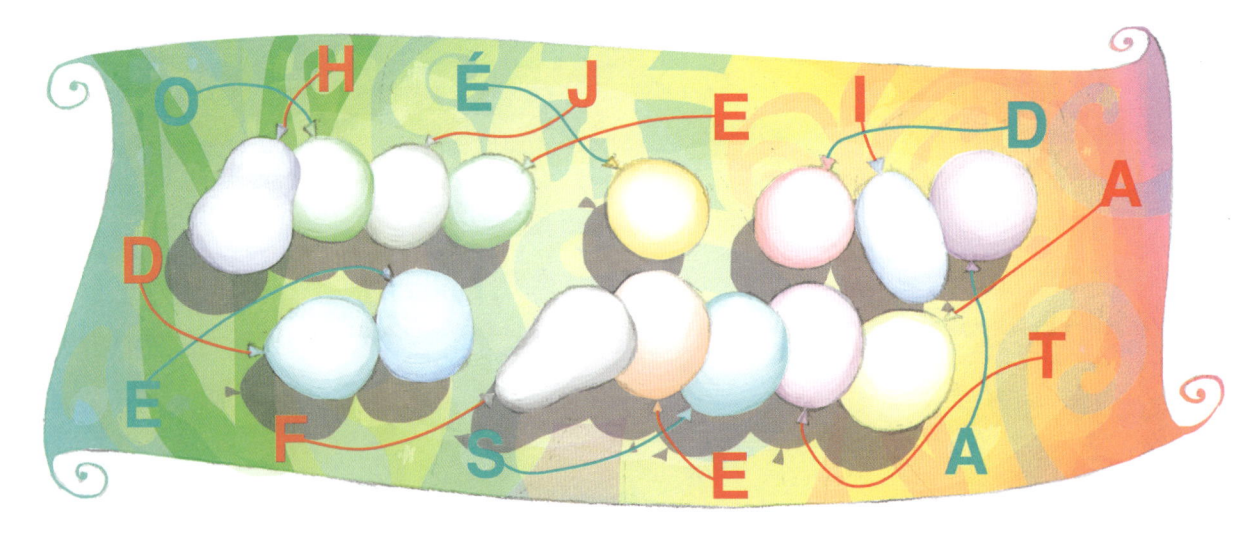

- COPIE A FRASE QUE VOCÊ FORMOU USANDO PONTO DE EXCLAMAÇÃO.

_____

CE, CI

LÁ EM CIMA

LÁ VAI O AVIÃOZINHO,
LÁ EM CIMA, NAS NUVENS.
LÁ EMBAIXO, A CIDADE FICA PEQUENINHA,
AS PESSOAS PARECEM FORMIGUINHAS,
O RIO PARECE UMA COBRINHA,
SE ARRASTANDO PELO CHÃO!

PARE**CE** — CE

CIDADE — CI

ATIVIDADES

1. JUNTE **C** ÀS VOGAIS E FORME SÍLABAS. DEPOIS, COMPLETE AS PALAVRAS COM AS SÍLABAS FORMADAS.

C + E = _____   C + I = _____

_____ BOLAS   _____ _____ DADE

CE   CI

145

2. JUNTE AS SÍLABAS DE MESMA COR E FORME PALAVRAS.

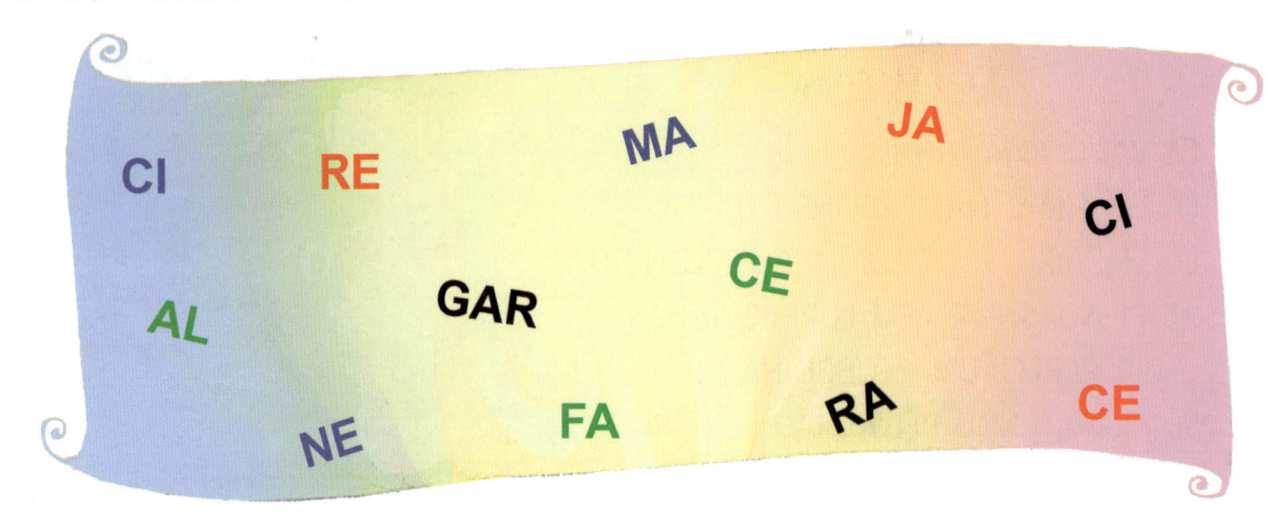

CI   RE   MA   JA   CI   AL   GAR   CE   CE   NE   FA   RA

_____

_____

- COMPLETE AS FRASES COM PALAVRAS QUE VOCÊ FORMOU.

    CELINA COMEU UMA FATIA DE BOLO DE _____.

    A _____ CANTA BEM ALTO!

3. DESAFIO!

QUEM CONSEGUE FALAR DEPRESSA ESTAS FRASES?

O DOCE PERGUNTOU PRO DOCE
QUAL ERA O DOCE MAIS DOCE.
O DOCE RESPONDEU PRO DOCE QUE O DOCE MAIS DOCE
É O DOCE DE BATATA-DOCE.

4. ENCONTRE NO QUADRO DE LETRAS AS PALAVRAS.

MACIO   FACE   CEDO   DOCE   CIDADE   CERA

N	A	C	I	O	F	D	C	E	A
E	F	M	A	C	I	O	A	T	E
D	O	C	E	O	L	U	Z	O	A
F	O	M	C	I	D	A	D	E	L
B	C	E	D	O	R	A	R	Z	E
N	O	C	E	M	O	C	E	R	A
A	C	F	A	C	E	S	F	A	M

- AGORA, DÊ O ANTÔNIMO DE CADA PALAVRA.

  ÁSPERO ▶ _____

  TARDE ▶ _____

  OS ANTÔNIMOS ESTÃO ENTRE AS PALAVRAS DO QUADRO DE LETRAS!

- COMPLETE A FRASE COM UM DOS ANTÔNIMOS QUE VOCÊ ESCREVEU.

MEU TRAVESSEIRO É _____

5. JUNTE AS LETRAS **AZUIS** E FORME O NOME DO ALIMENTO PREFERIDO DOS COELHOS.

DO**C**E D**E**DO **N**AVIO GEL**O** **U**VA **R**OSA G**A**TO

- COLE O ADESIVO DA PÁGINA 263 AQUI.

- AGORA, ACABE DE PINTAR A CENA.

6. LEIA ESTAS DUAS PALAVRAS EM VOZ ALTA.

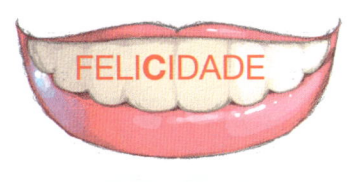

FELICIDADE

PIPOCA

C COM SOM **S** 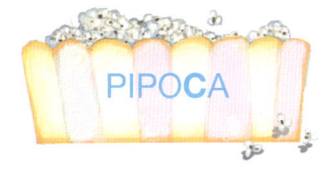   C COM SOM **K**

- AGORA, COPIE, NO QUADRO, AS PALAVRAS ABAIXO.

BACIA   COPO   CENA   CINEMA

BOCA   COLHER   PRINCESA   CABEÇA

C COM SOM S	C COM SOM K

7. LEIA EM VOZ ALTA.

MACACO → CA

CORAÇÃO → CO

CUBO → CU

CEGONHA → CE

CINEMA → CI

8. SIGA AS INDICAÇÕES E FORME O NOME DE UM OBJETO USADO POR QUEM ANDA DE MOTOCICLETA.

	1	2	3	4	5	6	7	8	9
A	Z	S	B	A	V	P	A	I	T
B	C	E	D	E	G	O	Y	C	E
C	A	H	P	L	C	N	A	W	B

8 B	1 C	3 C	7 A	5 C	2 B	9 A	4 B

- SEPARE AS SÍLABAS DA PALAVRA FORMADA.

- PASSE UM TRAÇO **PRETO** EMBAIXO DA SÍLABA EM QUE O **C** TEM SOM DE **K**.

- PASSE UM TRAÇO **VERMELHO** EMBAIXO DA SÍLABA EM QUE O **C** TEM SOM DE **S**.

BRINCANDO E APRENDENDO

TRÊS DESTAS PALAVRAS ESTÃO ESCONDIDAS NAS FLORES. CIRCULE-AS.

OCEANO   MACIO   FACE   COCADA

- ESCREVA A PALAVRA QUE **NÃO** ESTÁ ESCONDIDA NAS FLORES.

_____

- AGORA, PINTE CADA FLOR DE UMA COR.

19

▸ SUBSTANTIVO COMUM

MOCHILA DE ESCOLA

LÁPIS, CADERNO, CANETA,
LIVRO E BORRACHA,
AGENDA E APONTADOR,
CAIXA DE LÁPIS DE COR
E UM TUBINHO DE COLA.
PRONTO!
AGORA ESTÁ TUDO EM ORDEM.
HORA DE IR PARA A ESCOLA!

C A N E T A
|
SUBSTANTIVO COMUM

A PALAVRA **CANETA** É O NOME DE UM OBJETO. É CHAMADA DE **SUBSTANTIVO COMUM** PORQUE INDICA QUALQUER OBJETO DESSE TIPO.

CANETA   CANETA   CANETA   CANETA

VEJA OUTROS EXEMPLOS DE SUBSTANTIVOS COMUNS:

LÁPIS   BORRACHA   CADERNO

ATIVIDADES

1. ESCREVA OS SUBSTANTIVOS COMUNS QUE SÃO NOMES DESTES OBJETOS.

_____

_____

_____

_____

153

2. CIRCULE A FIGURA QUE **NÃO** COMBINA COM AS OUTRAS.

- ESCREVA O NOME DESSA FIGURA.

  _____

- AGORA, SEPARE ESSE NOME EM SÍLABAS.

3. COMPLETE AS PALAVRAS COM A VOGAL **A** E FORME QUATRO SUBSTANTIVOS COMUNS.

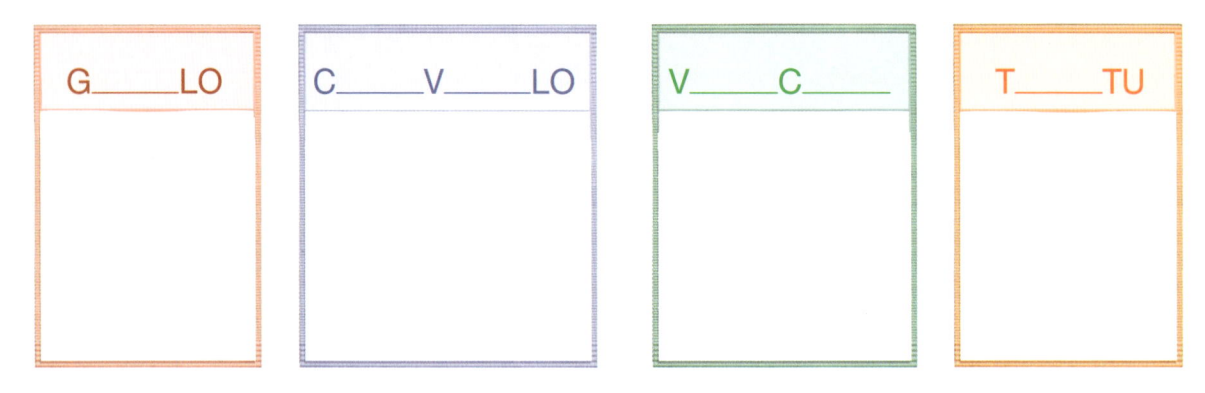

| G___LO | C___V___LO | V___C___ | T___TU |

- COLE AQUI OS ADESIVOS DA PÁGINA 263.

4. TROQUE OS SÍMBOLOS PELAS LETRAS E FORME DOIS SUBSTANTIVOS COMUNS.

- COMPLETE A FRASE COM OS SUBSTANTIVOS QUE VOCÊ FORMOU.

O _____ SUBIU NO _____ DA CASA.

- QUE OUTRO SUBSTANTIVO HÁ NESSA FRASE?

_____

- AGORA, PINTE A CENA.

▶ CEDILHA

MINDUIM — CHARLES M. SCHULZ

OBRIGADO PELA DANÇA.

DAN**Ç**A
Ç

O SINAL COLOCADO NA LETRA **C** CHAMA-SE **CEDILHA**.
A CEDILHA É USADA PARA INDICAR QUE O **C** TEM SOM DE **S** MESMO QUANDO VEM ANTES DE **A, O, U**.
MAS ATENÇÃO: **Ç** SÓ APARECE NO MEIO DA PALAVRA, NUNCA NO INÍCIO!

ATIVIDADES

1. JUNTE **Ç** ÀS VOGAIS E FORME SÍLABAS. DEPOIS, COMPLETE AS PALAVRAS COM AS SÍLABAS QUE VOCÊ FORMOU.

   Ç + A = _____ → MO _____

   Ç + O = _____ → LA _____

   Ç + U = _____ → CA _____ LA

   ÇA   ÇO   ÇU

2. COMPLETE AS PALAVRAS COM **ÇA**, **ÇO** OU **ÇU**.

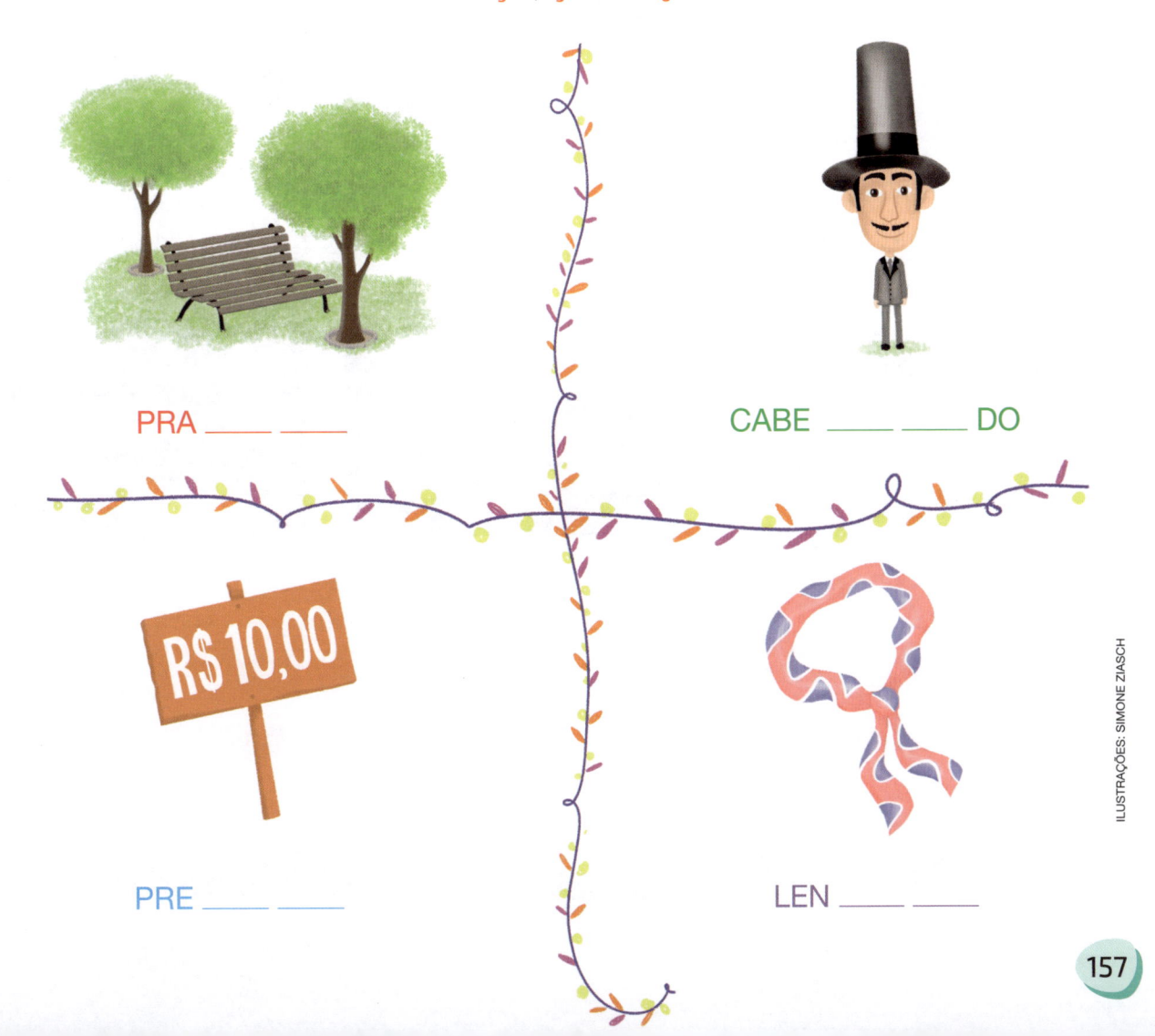

   PRA _____ _____

   CABE _____ _____ DO

   PRE _____ _____

   LEN _____ _____

3. SIGA O CAMINHO DO QUADRO 1 NO QUADRO 2 E DESCUBRA O NOME DE UM DOCE MUITO COMUM NO BRASIL.

Quadro 1

Quadro 2

P	A	C	A
Ç	O		

- QUE PALAVRA VOCÊ DESCOBRIU?

  _____

- CIRCULE A IMAGEM QUE CORRESPONDE A ESSA PALAVRA.

- SEPARE AS SÍLABAS DESSA PALAVRA.

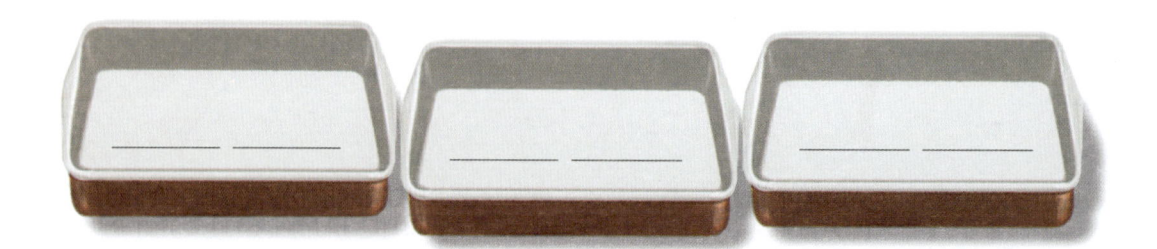

4. COMPLETE AS PALAVRAS DA FRASE COM **C** OU **Ç**.

A ON____A CUIDA BEM DAS ON____INHAS.

- COPIE AS PALAVRAS QUE VOCÊ COMPLETOU.

_____   _____

- AGORA, LEIA CADA PALAVRA EM VOZ ALTA.

5. AS PALAVRAS ABAIXO FORAM ESCRITAS AO CONTRÁRIO. ESCREVA-AS CORRETAMENTE.

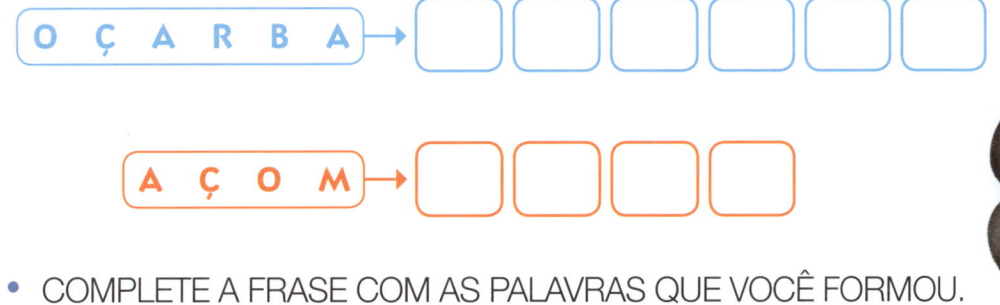

O Ç A R B A → ☐ ☐ ☐ ☐ ☐ ☐

A Ç O M → ☐ ☐ ☐ ☐

- COMPLETE A FRASE COM AS PALAVRAS QUE VOCÊ FORMOU.

A _____ DEU UM _____ NA MÃE.

6. LEIA EM VOZ ALTA.

COLE**ÇÃO** — ÇÃO

MA**ÇÃ** — ÇÃ

- JUNTE AS SÍLABAS E FORME PALAVRAS TERMINADAS EM **ÇÃO**.

  NA + TA + _____

  ES + TA + _____

  SE + LE + _____

- COMPLETE AS FRASES COM AS PALAVRAS QUE VOCÊ FORMOU.

A PRIMAVERA É A _____ DAS FLORES.

A _____ BRASILEIRA É CAMPEÃ DO MUNDO.

RENATA NADA BEM, ELA É CAMPEÃ DE _____.

BRINCANDO E APRENDENDO

ESCREVA AS LETRAS NOS LOCAIS INDICADOS E FORME DUAS PALAVRAS COM Ç.

- COPIE AS PALAVRAS QUE VOCÊ FORMOU.

_____

- AGORA, ACABE DE PINTAR A CENA.

20

▶ SUBSTANTIVO PRÓPRIO

FABIANA E BILU

BILU É UM CACHORRINHO ESPERTO. ELE SABE QUE TODO DIA FABIANA, SUA DONA, SAI COM ELE PARA PASSEAR. POR ISSO, FICA NA PORTA DO QUARTO, ESPERANDO POR ELA.

— VAMOS LOGO, FABIANA! — BILU PARECE PENSAR, ABANANDO O RABINHO.

DALI A POUCO, LÁ ESTÁ BILU CORRENDO BEM ALEGRE NO PARQUE COM SEUS AMIGOS.

FABIANA   **BILU**

SUBSTANTIVO PRÓPRIO

O SUBSTANTIVO **FABIANA** INDICA O NOME DE UMA MENINA.
O SUBSTANTIVO **BILU** INDICA O NOME DE UM CACHORRINHO.

FABIANA E **BILU** SÃO CHAMADOS DE **SUBSTANTIVOS PRÓPRIOS**.

O SUBSTANTIVO COMUM REFERE-SE A PESSOAS OU ANIMAIS EM GERAL: MENINA, CACHORRINHO.

O SUBSTANTIVO PRÓPRIO REFERE-SE A PESSOAS OU ANIMAIS EM PARTICULAR: FABIANA, BILU.
OS SUBSTANTIVOS PRÓPRIOS SÃO ESCRITOS COM LETRA INICIAL MAIÚSCULA.

VAMOS RECORDAR?

ALFABETO EM LETRAS MAIÚSCULAS

A B C D E F G H I J K L M N O P Q R S T U V W X Y Z

ALFABETO EM LETRAS MINÚSCULAS

a b c d e f g h i j k l m n o p q r s t u v w x y z

ATIVIDADES

1. ESCREVA OS NOMES DAS CRIANÇAS SEGUINDO AS DICAS.

BETO USA BONÉ AZUL.

BETE USA VESTIDO VERMELHO.

CAIO USA CAMISETA BRANCA.

ANA USA BERMUDA.

_____   _____

_____   _____

- QUE TIPO DE SUBSTANTIVO SÃO OS NOMES QUE VOCÊ ESCREVEU?

  ☐ SUBSTANTIVOS COMUNS.   ☐ SUBSTANTIVOS PRÓPRIOS.

2. COMPLETE A FRASE COM UM SUBSTANTIVO PRÓPRIO.

MEU NOME É _____.

- AGORA, ESCREVA O NOME DE UM AMIGO E O NOME DE UMA AMIGA.

_____

_____

NOMES DE CIDADES, DE ESTADOS E DE PAÍSES TAMBÉM SÃO SUBSTANTIVOS PRÓPRIOS.

CIDADE DE **SANTOS**, NO ESTADO DE **SÃO PAULO**.

MAPA DO **BRASIL**.

3. ESCREVA.

O NOME DE SUA CIDADE E DE SEU ESTADO.

_____

_____

O NOME DE NOSSO PAÍS.

_____

4. OBSERVE A CAPA DO LIVRO A SEGUIR.

AVELINO GUEDES
O SANDUÍCHE DA MARICOTA
MODERNA

- NO TÍTULO DO LIVRO, HÁ UM SUBSTANTIVO COMUM E UM SUBSTANTIVO PRÓPRIO. QUAIS SÃO ELES?

SUBSTANTIVO PRÓPRIO: _____

SUBSTANTIVO COMUM: _____

- O NOME DO AUTOR DO LIVRO TAMBÉM É UM SUBSTANTIVO PRÓPRIO. COPIE-O.

_____

5. ESCREVA O NOME DE CADA FIGURA A SEGUIR.

_____   _____

_____   _____

- AGORA, OBSERVE AS FOTOS E DÊ UM NOME PARA CADA ANIMAL.

_____   _____

_____   _____

- O QUE SÃO OS NOMES QUE VOCÊ ESCREVEU?

    ☐ SUBSTANTIVOS COMUNS.   ☐ SUBSTANTIVOS PRÓPRIOS.

GE, GI

GISELE E GISELINHA

LÁ VAI A DONA GIRAFA
JUNTO COM SUA GIRAFINHA.
UMA É BEM GRANDE,
A OUTRA AINDA É PEQUENINA.
INTELIGENTES E BONITINHAS,
A GIRAFA GISELE E SUA GISELINHA.
SEMPRE ELEGANTES E BELAS,
COMO MODELOS NAS PASSARELAS.

GIRAFA — GI

INTELI**GE**NTE — GE

A GIRAFA MACHO PODE TER 5 METROS E MEIO DE ALTURA, E A FÊMEA, 4 METROS E MEIO. OS FILHOTES DAS GIRAFAS JÁ NASCEM BEM GRANDINHOS, COM MAIS OU MENOS 1 METRO E 80 CENTÍMETROS DE ALTURA, PESANDO POR VOLTA DE 50 QUILOGRAMAS. QUE BEBEZÃO!

ATIVIDADES

1. JUNTE AS LETRAS E FORME SÍLABAS.

G + E = _____ → ▢ ▢ L O

G + I = _____ → ▢ ▢ G A N T E

- AGORA, COMPLETE AS PALAVRAS COM AS SÍLABAS QUE VOCÊ FORMOU.

GE   GI

2. TROQUE OS SÍMBOLOS PELAS LETRAS E FORME O NOME DE UM APARELHO QUE CONSERVA OS ALIMENTOS.

A R I G L E D

_____ _____ _____ _____ _____ _____ _____ _____ _____

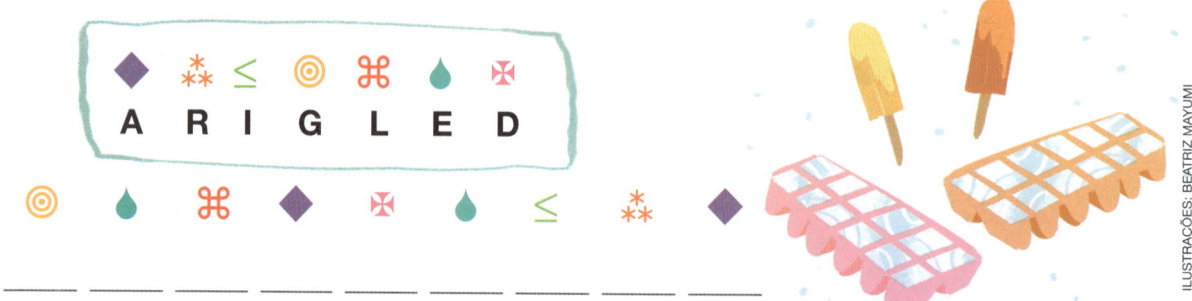

168

3. JUNTE AS FIGURAS IGUAIS E FORME PALAVRAS COM AS SÍLABAS QUE ESTÃO DENTRO DELAS.

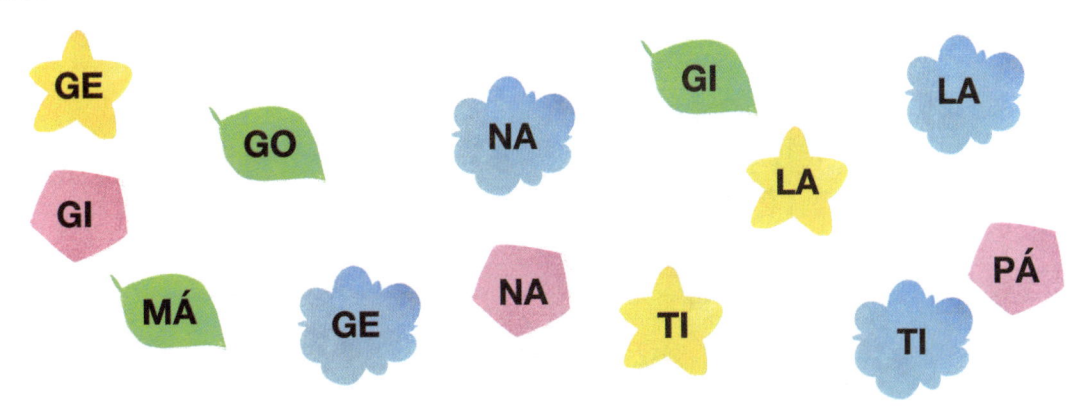

- ESCREVA AS PALAVRAS QUE VOCÊ FORMOU.

  _____

  _____

- AGORA, COMPLETE AS FRASES COM AS PALAVRAS QUE VOCÊ FORMOU.

  A _____ ESTÁ NA _____ VERMELHA.

  A HISTÓRIA DO _____ ESTÁ NA PRIMEIRA _____ DESSE LIVRO.

4. LEIA AS PALAVRAS EM VOZ ALTA.

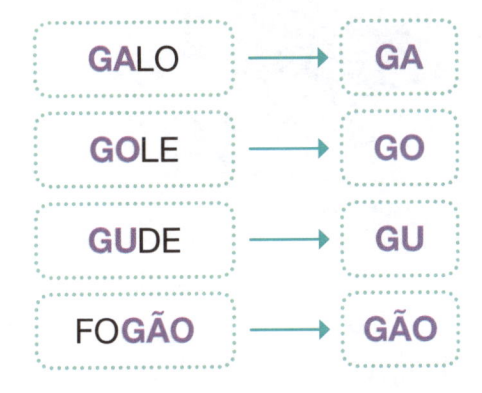

GALO → GA
GOLE → GO
GUDE → GU
FOGÃO → GÃO

GELADO → GE
PÁGINA → GI

- COMPLETE AS FRASES COM DUAS PALAVRAS QUE VOCÊ ACABOU DE LER.

  O DOCE DE MORANGO ESTÁ _____.

  REGINA TOMOU UM _____ DE ÁGUA.

5. OBSERVE A CAPA DA REVISTA.

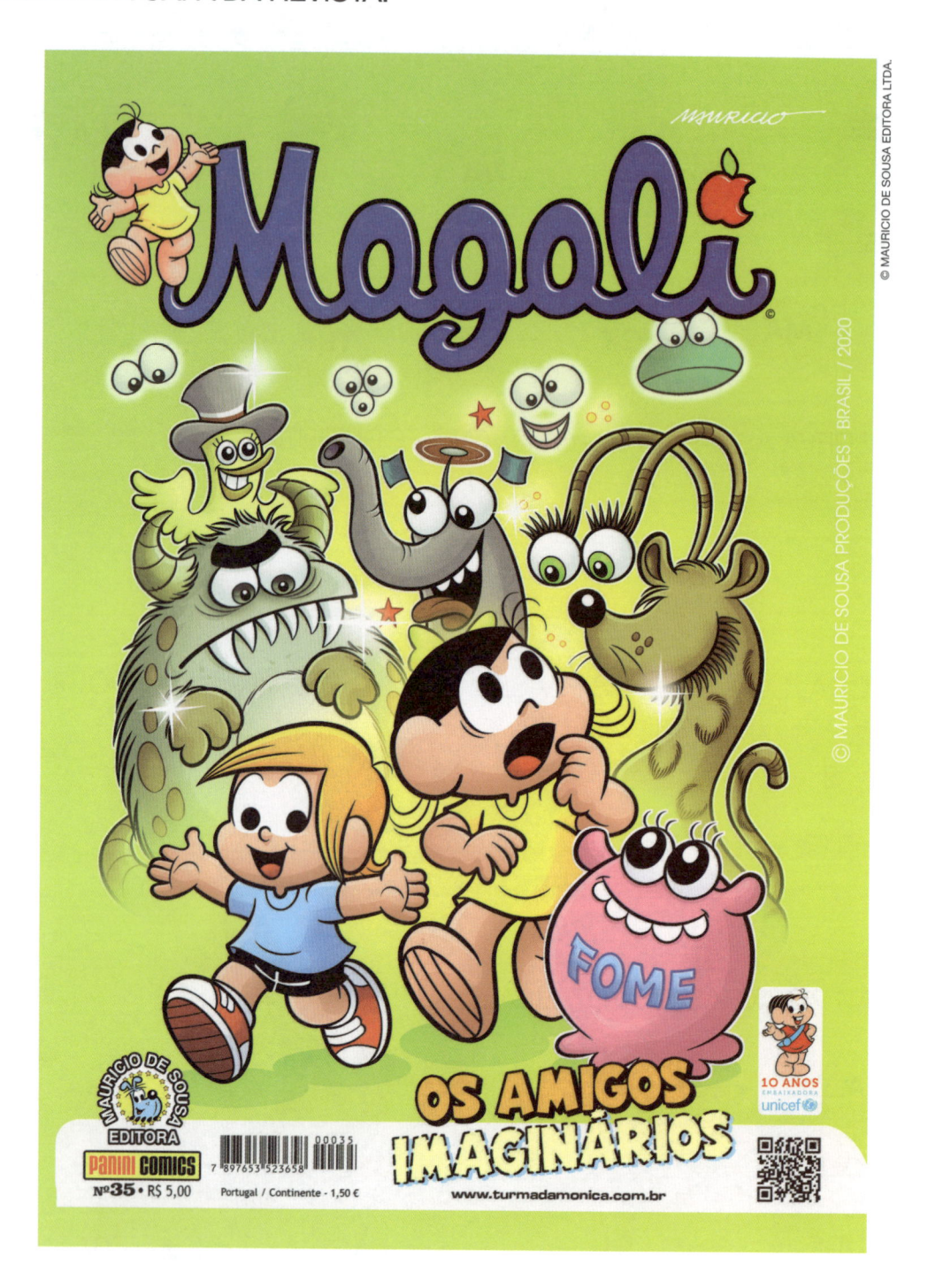

- COPIE, DA CAPA, TRÊS PALAVRAS COM A LETRA **G**.

  _____

- LEIA ESSAS PALAVRAS EM VOZ ALTA.

- AGORA, CIRCULE A PALAVRA QUE É UM SUBSTANTIVO PRÓPRIO.

6. LEIA AS PALAVRAS A SEGUIR.

GIBI

FOGO

GELO

LAGO

- DESTAQUE OS ADESIVOS DA PÁGINA 266 E COLE-OS ACIMA.

- AGORA, ENCONTRE ESSAS PALAVRAS NO QUADRO DE LETRAS.

L	A	G	I	B	I	A	T	O	A
E	Z	L	A	G	O	X	E	N	O
G	O	G	I	L	O	A	G	O	A
F	O	G	O	A	G	I	M	I	E
N	O	R	F	O	B	O	E	R	A
A	G	E	L	O	A	S	F	A	M

- COMPLETE A FRASE COM UMA DAS PALAVRAS QUE VOCÊ ENCONTROU.

O BOMBEIRO APAGOU O _____.

BRINCANDO E APRENDENDO

1. LEIA A HISTÓRIA EM QUADRINHOS.

- O QUE HÁ DE ESTRANHO NO ÚLTIMO QUADRINHO?

2. OS NOMES DAS CRIANÇAS ESTÃO ESCRITOS AO CONTRÁRIO. ESCREVA CADA NOME DA FORMA CORRETA.

OGUH

ANAVOIG

_____   _____

ODLAREG

OVATSUG

_____   _____

ELESIG

ANIGER

_____   _____

REVISÃO

1. SUBSTITUA OS NÚMEROS PELAS LETRAS E FORME UMA FRASE.

1 A
2 E
3 I
4 M
5 R
6 P
7 V

7 3 7 1   1   6 5 3 4 1 7 2 5 1

- COPIE A FRASE QUE VOCÊ FORMOU USANDO PONTO DE EXCLAMAÇÃO.

_____

- AGORA, ACABE DE PINTAR A CENA.

2. OS NOMES DAS CRIANÇAS ESTÃO ESCRITOS AO CONTRÁRIO. ESCREVA CADA NOME DA FORMA CORRETA.

ENOMIS  _____   ANASOR _____

ALESIG  _____   ANIRBAS _____

- SUBLINHE OS NOMES EM QUE O **S** TEM SOM DE **Z**.

3. COMPLETE AS PALAVRAS COM **C** OU **Ç**.

____IDADE   PRE____O   MO____A   ____ELA   LA____O   ON____A

- QUANTAS SÍLABAS TÊM AS PALAVRAS COM CEDILHA?

☐ 3 SÍLABAS   ☐ 1 SÍLABA   ☐ 2 SÍLABAS

REVISÃO

4. USE AS SÍLABAS DO QUADRO PARA FORMAR PALAVRAS.

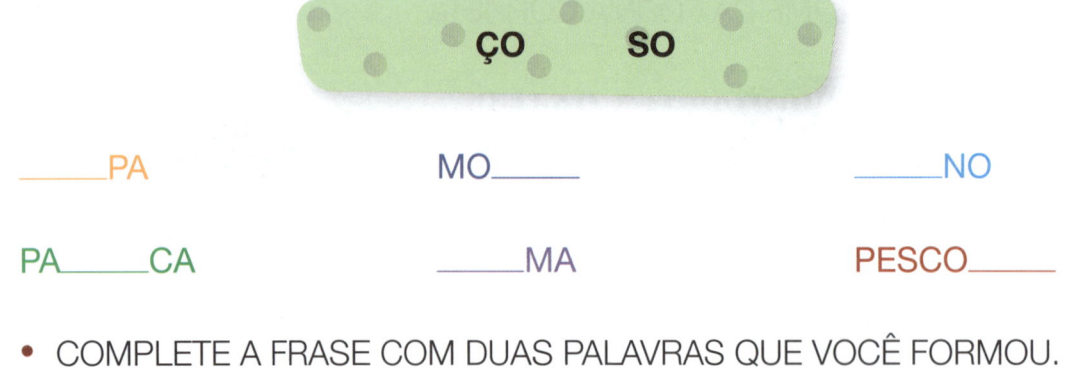

ÇO   SO

_____PA   MO_____   _____NO

PA_____CA   _____MA   PESCO_____

- COMPLETE A FRASE COM DUAS PALAVRAS QUE VOCÊ FORMOU.

O _____ ESTAVA COM _____ E FOI DORMIR.

5. LEIA.

CORUJA   TIGRE   GATO   TATU

- ENCONTRE ESSAS PALAVRAS NO QUADRO DE LETRAS.

C O R I T A T U
T A T G A T O L
C O R U J A C T
F D T U T I G R
L T T I G R E M

6. ORDENE AS PALAVRAS E FORME UMA FRASE.

ESTÁ   NO   PALHAÇO   CIRCO   O

_____

- COPIE A FRASE QUE VOCÊ FORMOU USANDO PONTO DE INTERROGAÇÃO.

_____

- AGORA, ACABE DE DESENHAR O ROSTO DO PALHAÇO E PINTE-O.

7. AS LETRAS **AZUIS** ESTÃO TROCADAS. COPIE AS PALAVRAS ESCREVENDO ESSAS LETRAS NA ORDEM CERTA.

CA**EB**ÇA → ___ ___ ___ ___ ___ ___

FI**HL**A → ___ ___ ___ ___ ___

BA**HN**EIRO → ___ ___ ___ ___ ___ ___ ___

VI**RD**AÇA → ___ ___ ___ ___ ___ ___ ___

- COMPLETE AS FRASES COM DUAS PALAVRAS QUE VOCÊ FORMOU.

SIMONE TEM UMA _____ CHAMADA MARINA.

MARINA E BIA LIMPAM A _____ DA SALA.

REVISÃO

8. COMPLETE COM **L** OU **R** E FORME PALAVRAS COM ENCONTRO CONSONANTAL.

G____ADE   C____ARO   T____IBO

CHIC____ETE   P____EGO   AT____ETA

- LEIA EM VOZ ALTA AS PALAVRAS QUE VOCÊ FORMOU.

- COMPLETE A FRASE COM UMA DAS PALAVRAS QUE VOCÊ LEU.

ESTE _____ VENCEU A CORRIDA.

- QUE SINAL DE PONTUAÇÃO TERMINA ESSA FRASE?

☐ PONTO DE INTERROGAÇÃO.

☐ PONTO DE EXCLAMAÇÃO.

☐ PONTO-FINAL.

9. OBSERVE AS FIGURAS.

- AGORA, COMPLETE A CRUZADINHA.

HORA DA HISTÓRIA

A TARTARUGA E A LEBRE

NUM BELO DIA DE VERÃO, ALGUNS ANIMAIS DA FLORESTA SE REUNIRAM EMBAIXO DE UMA GRANDE ÁRVORE. LÁ ESTAVAM A DONA CORUJA, O SENHOR TATU, A LEBRE E A TARTARUGA. ENTÃO, A LEBRE, QUE ERA MUITO VELOZ E BRINCALHONA, COMEÇOU A PROVOCAR A TARTARUGA, DIZENDO QUE ELA ERA MUITO LENTA, SÓ ANDAVA DEVAGAR.

OS OUTROS ANIMAIS PASSARAM A DEFENDER A TARTARUGA, QUE FICOU CHATEADA COM OS COMENTÁRIOS, MAS OBSERVOU TUDO SEM DIZER NADA.

— POR QUE VOCÊS NÃO APOSTAM UMA CORRIDA? — SUGERIU A DONA CORUJA. — VAMOS VER QUEM CHEGA PRIMEIRO ÀQUELA GRANDE ÁRVORE.

A LEBRE LOGO SE PÔS A DIZER:

— MEU NOME É LIGEIRINHA! NÃO TENHO MEDO DE CORRIDA, E CORRER É O QUE EU SEI FAZER MUITO BEM! PODE COMEÇAR NO MEIO DO CAMINHO, TARTARUGA! EU ALCANÇO VOCÊ E AINDA VENÇO A CORRIDA!

A TARTARUGA ANDOU ATÉ A METADE DO CAMINHO ENQUANTO A LEBRE SE RECOSTOU À SOMBRA DE UMA ÁRVORE E ADORMECEU. QUANDO O SENHOR TATU DEU O SINAL DA LARGADA, A TARTARUGA COMEÇOU A ANDAR COM MUITO ESFORÇO E DETERMINAÇÃO. JÁ TINHA DADO VÁRIOS PASSOS QUANDO A LEBRE ACORDOU.

— ESSA TARTARUGA NÃO SAI DO LUGAR! VOU ATÉ DORMIR MAIS UM POUQUINHO... EM DOIS SALTOS, EU CONSIGO GANHAR!

ALBERTO DE STEFANO

A TARTARUGA JÁ ESTAVA FICANDO CANSADA DE CARREGAR SEU ENORME CASCO, MAS CONTINUOU NO MESMO RITMO, RUMO À GRANDE ÁRVORE.

OS ANIMAIS COMEÇARAM A TORCER POR ELA, FAZENDO UMA GRANDE ALGAZARRA. E O BARULHO FOI TANTO QUE A LEBRE ACORDOU, DANDO UM PULO TÃO ALTO QUE ATÉ BATEU A CABEÇA NO NINHO DOS PARDAIS, QUE ESTAVA NAS ALTURAS, NUM GALHO DA ÁRVORE.

A TARTARUGA JÁ ESTAVA QUASE CHEGANDO: A ÁRVORE ESTAVA A POUCOS METROS. A LEBRE LIGEIRINHA FOI DANDO LONGOS SALTOS E ATÉ TERIA CONSEGUIDO ULTRAPASSAR A TARTARUGA SE NÃO TIVESSE TROPEÇADO NUMA PEDRA QUE ESTAVA BEM NO MEIO DO CAMINHO E FICADO ESTATELADA NO CHÃO. A TARTARUGA, QUE ANDAVA UM POUCO MAIS DEVAGAR, PRESTAVA MAIS ATENÇÃO AO CAMINHO E, DESVIANDO DA PEDRA, ALCANÇOU A ÁRVORE.

TODOS OS ANIMAIS COMEMORARAM E FORAM DAR OS PARABÉNS À TARTARUGA. A LEBRE ABAIXOU A CABEÇA E FICOU MUITO ENVERGONHADA. A TARTARUGA FEZ QUESTÃO DE CUMPRIMENTÁ-LA E ELAS CONTINUARAM AMIGAS.

DONA CORUJA FOI CONVERSAR COM A LEBRE:

— APRENDEU A LIÇÃO, LIGEIRINHA? QUEM É MUITO EXIBIDO ACABA SE DANDO MAL. E QUEM MAIS CORRE, MAIS TROPEÇA.

RENATA TUFANO.
VERSÃO DE CONTO POPULAR ESCRITA ESPECIALMENTE PARA ESTA OBRA.

HORA DA HISTÓRIA

ATIVIDADES

1. PINTE OS ANIMAIS QUE DISPUTARAM A CORRIDA.

2. CIRCULE A FIGURA DO ANIMAL QUE DEU A IDEIA DE FAZER A CORRIDA.

- COLE NOS ESPAÇOS CERTOS OS ADESIVOS DA PÁGINA 266 QUE TÊM OS NOMES DESSES ANIMAIS.

3. POR QUE O NOME DA LEBRE ERA **LIGEIRINHA**?

☐ ELA ANDAVA DEVAGAR.   ☐ ELA ERA MUITO VELOZ.

4. QUANDO A CORRIDA COMEÇOU, EM VEZ DE SAIR CORRENDO, O QUE A LEBRE FEZ?

5. O QUE ACONTECEU QUANDO A LEBRE, CORRENDO DESESPERADA, JÁ ESTAVA QUASE ALCANÇANDO A TARTARUGA?

☐ ELA BATEU A CABEÇA EM UM GALHO.

☐ ELA TROPEÇOU EM UMA PEDRA.

6. SE VOCÊ PUDESSE CONVERSAR COM A LEBRE, O QUE GOSTARIA DE DIZER PARA ELA?

7. ATENÇÃO: A LEBRE NÃO É IGUAL AO COELHO!

OS COELHOS SÃO MENORES E TÊM ORELHAS CURTAS. AS LEBRES SÃO MAIORES E TÊM ORELHAS COMPRIDAS. ALÉM DISSO, AS PATAS TRASEIRAS DA LEBRE SÃO GRANDES, PERMITINDO QUE ELA SEJA MAIS VELOZ.

- AGORA, OBSERVE AS FOTOS E ESCREVA **COELHO** OU **LEBRE** EMBAIXO DE CADA UMA.

21

MASCULINO E FEMININO

ALEGRIA

HOJE É DIA DE FESTA!
LÁ VÊM O VOVÔ E A VOVÓ,
O MEU PRIMO E A MINHA PRIMA,
O TITIO COM A TITIA,
OS AMIGOS E AS AMIGAS,
O VIZINHO E A VIZINHA,
E ATÉ O GATINHO E A GATINHA...

PRIMO   AMIGOS   TITIO   GATINHO
SUBSTANTIVOS MASCULINOS

PRIMA   AMIGAS   TITIA   GATINHA
SUBSTANTIVOS FEMININOS

OS **SUBSTANTIVOS COMUNS** PODEM SER **MASCULINOS** OU **FEMININOS**.
ELES SÃO MASCULINOS QUANDO PODEMOS USAR **O** ANTES DELES.
O ALUNO   **O** GAROTO   **O** NETO   **O** GATO
ELES SÃO FEMININOS QUANDO PODEMOS USAR **A** ANTES DELES.
A ALUNA   **A** GAROTA   **A** NETA   **A** GATA

ATIVIDADES

1. ESCREVA **O** OU **A** ANTES DOS SUBSTANTIVOS COMUNS A SEGUIR.

☐ AMIGO	☐ PETECA	☐ BAILARINA
☐ CANETA	☐ ESTOJO	☐ CADERNO
☐ GALO	☐ LIVRO	☐ COZINHA
☐ SINO	☐ TAÇA	☐ CASA

- CIRCULE EM **VERMELHO** OS SUBSTANTIVOS MASCULINOS E EM **AZUL** OS SUBSTANTIVOS FEMININOS.

2. ESCREVA A LETRA INDICADA DO NOME DE CADA FIGURA E DESCUBRA ONDE GUARDAR O MATERIAL ESCOLAR.

LETRA 3 — (cama)
LETRA 1 — (osso)
LETRA 1 — (casa)
LETRA 4 — (folha)
LETRA 3 — (peixe)
LETRA 1 — (leão)
LETRA 2 — (navio)

- AGORA, ESCREVA A PALAVRA QUE VOCÊ FORMOU.

_____

- QUE TIPO DE SUBSTANTIVO ESSA PALAVRA É? CIRCULE A RESPOSTA.

MASCULINO   FEMININO

3. AS PALAVRAS A SEGUIR FORAM ESCRITAS AO CONTRÁRIO. ESCREVA CADA UMA DELAS DE MANEIRA CORRETA.

A I D _____

E T I O N _____

E T I E L _____

A T S E F _____

- AGORA, COPIE AS PALAVRAS NA TABELA.

SUBSTANTIVOS MASCULINOS	SUBSTANTIVOS FEMININOS

OS **NOMES PRÓPRIOS** TAMBÉM PODEM SER **MASCULINOS** E **FEMININOS**.

ANA — FEMININO

CAIO — MASCULINO

4. LEIA OS SUBSTANTIVOS PRÓPRIOS.

CAMILA   BRUNO   LAURA   MARINA
LUCAS   RAFAEL   ROSANA   PAULO

- PASSE UM **TRAÇO VERMELHO** EMBAIXO DOS NOMES MASCULINOS.

- PASSE UM **TRAÇO AZUL** EMBAIXO DOS NOMES FEMININOS.

- ESCREVA UM NOME DIFERENTE DOS QUE VOCÊ LEU.

NOME MASCULINO: _____

NOME FEMININO: _____

5. LEIA O TÍTULO DO LIVRO.

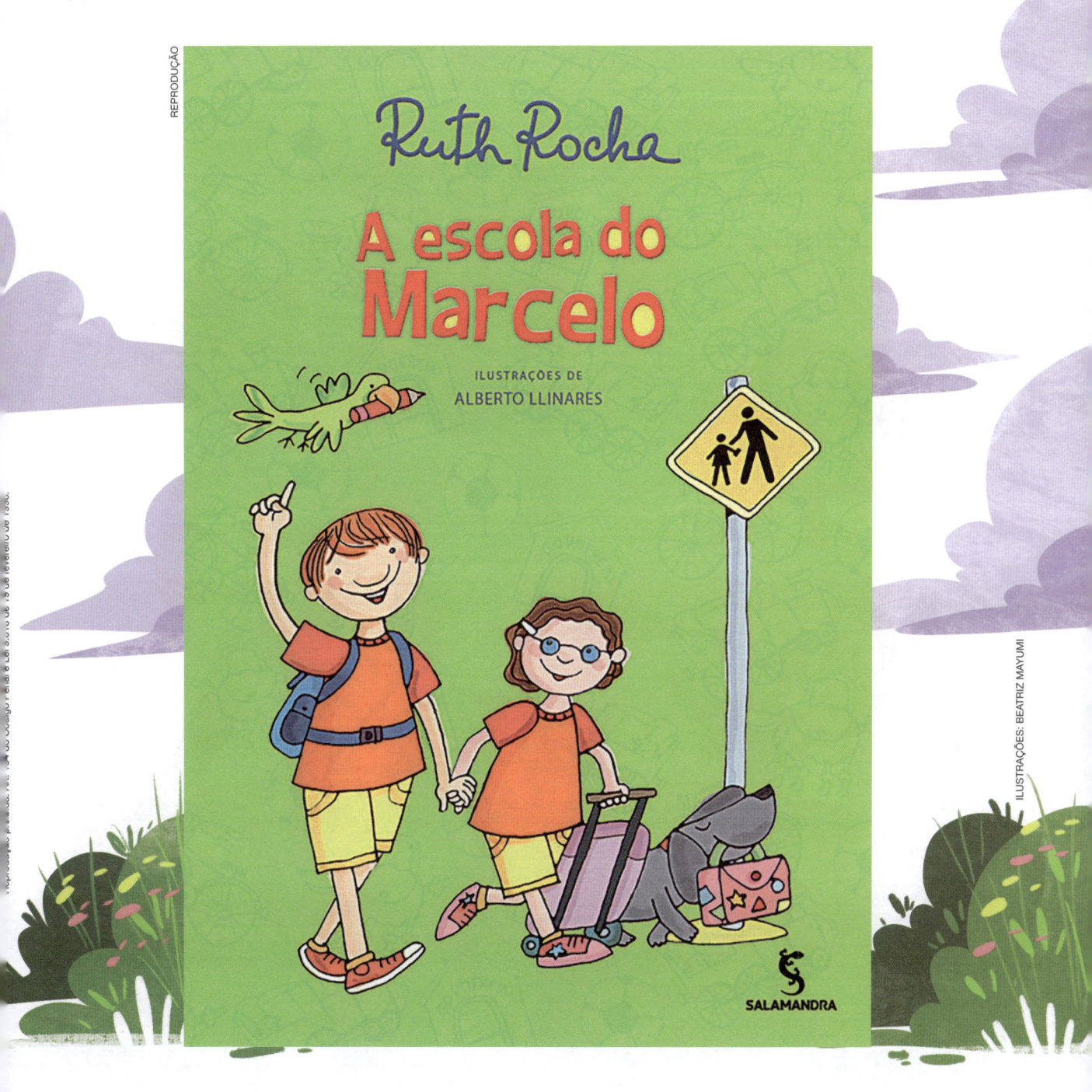

- QUE SUBSTANTIVO MASCULINO EXISTE NO TÍTULO?

_____

- E QUE SUBSTANTIVO FEMININO? COPIE SEPARANDO AS SÍLABAS.

| _____ | _____ | _____ |

GUE, GUI

QUE BARULHO!

DIA E NOITE, NOITE E DIA, GUILHERME TOCA GUITARRA E AGUINALDO, VIOLÃO. NINGUÉM CONSEGUE DORMIR COM TODO ESSE BARULHÃO!

GUILHERME CONSE**GUE**

GUI GUE

EM MUITAS PALAVRAS, O **U** DOS GRUPOS **GUE** E **GUI** NÃO É PRONUNCIADO.

ATIVIDADES

1. JUNTE AS SÍLABAS E FORME PALAVRAS.

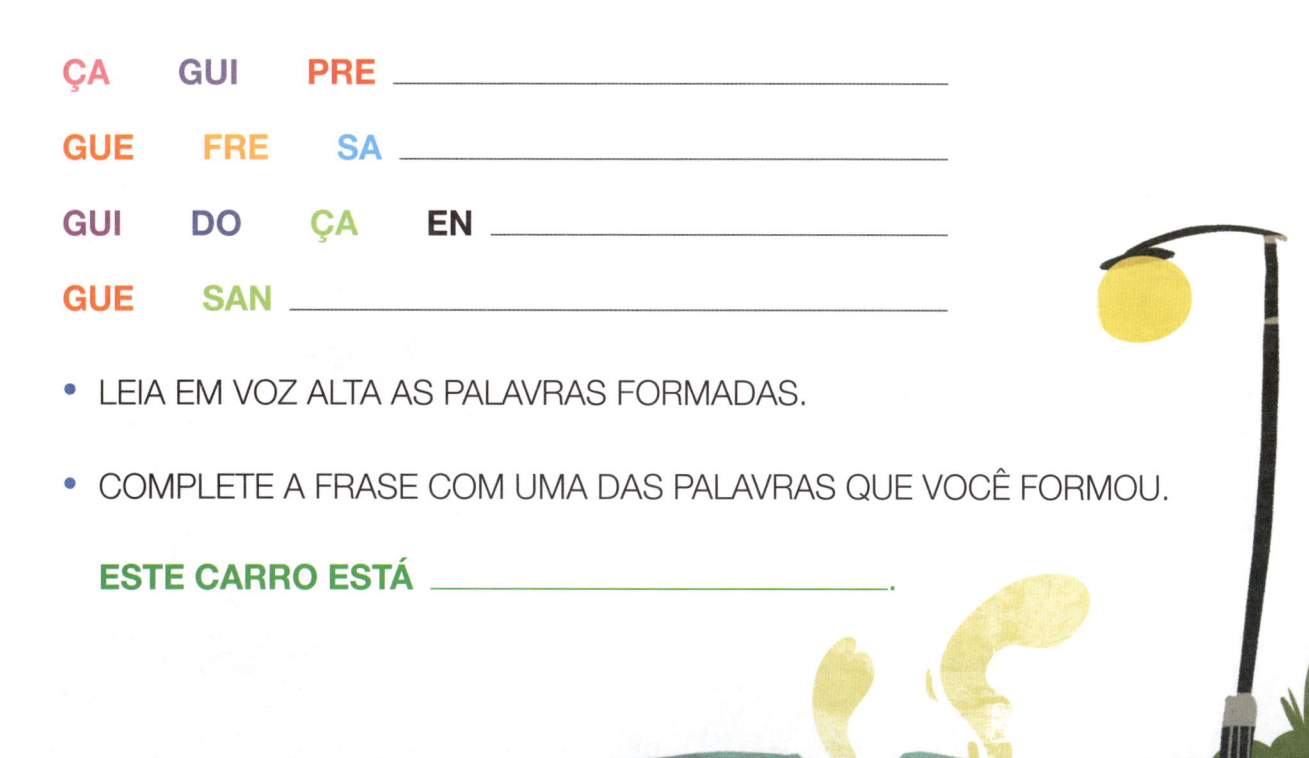

   ÇA   GUI   PRE _____

   GUE   FRE   SA _____

   GUI   DO   ÇA   EN _____

   GUE   SAN _____

   - LEIA EM VOZ ALTA AS PALAVRAS FORMADAS.

   - COMPLETE A FRASE COM UMA DAS PALAVRAS QUE VOCÊ FORMOU.

     ESTE CARRO ESTÁ _____.

2. TROQUE OS SÍMBOLOS PELAS LETRAS E FORME O NOME DE UM LOCAL ONDE PODEMOS COMPRAR CARNE.

   G Ç E A O U

3. COPIE AS LETRAS NOS LOCAIS INDICADOS E DESCUBRA O NOME DE UM ANIMAL MUITO VELOZ.

E G U A D P O R

- AGORA, COLE O ADESIVO DA PÁGINA 267 NA CENA.

4. LEIA EM VOZ ALTA.

GELADEIRA   CARANGUEJO   GELO

PREGUIÇOSO   GIRAFA   GUIA

- PASSE UM **TRAÇO VERMELHO** EMBAIXO DAS PALAVRAS QUE TÊM **GUE** OU **GUI**.

- PASSE UM **TRAÇO VERDE** EMBAIXO DAS PALAVRAS QUE TEM **GE** OU **GI**.

5. COMPLETE AS FRASES COM AS PALAVRAS DO QUADRO.

| COLEGUINHAS | PINGUE-PONGUE | FOGUEIRA |

MAGALI GOSTA DE JOGAR _____.

HUGO APAGOU A _____.

REGINA E ÂNGELA SÃO _____ DE ESCOLA.

GUA

6. LEIA.

O GUARDA DE GUARDA-CHUVA
AGUARDA A CHUVA CHOVER.
CHOVE CHUVA,
NO GUARDA-CHUVA
DO GUARDA.

BARTOLOMEU CAMPOS DE QUEIRÓS.
O GUARDA-CHUVA DO GUARDA.
SÃO PAULO: MODERNA, 2004.

G U A R D A
|
GUA

SE DEPOIS DO **GU** VIER **A**, O **U** É PRONUNCIADO.

- JUNTE AS SÍLABAS DA MESMA COR E FORME PALAVRAS.

GUAR   DA   DA
GUAR   NA   RA   DO
NÁ   GUA   PO

- AGORA, ESCREVA AS PALAVRAS QUE VOCÊ FORMOU.

_____

BRINCANDO E APRENDENDO

O QUE É QUE NÃO COMBINA?

1. OBSERVE AS FIGURAS E CIRCULE AQUELA QUE **NÃO** COMBINA COM AS OUTRAS.

- ESCREVA O NOME DA FIGURA QUE VOCÊ CIRCULOU.

_____

2. OBSERVE AS FIGURAS E PASSE UM **TRAÇO VERMELHO** EMBAIXO DAQUELA QUE **NÃO** COMBINA COM AS OUTRAS.

- ESCREVA O NOME DA FIGURA QUE VOCÊ MARCOU.

_____

22

▶ SINGULAR E PLURAL

FILHOTES GOSTAM DE BRINCAR

LÁ ESTÁ A MINHA GATINHA COM SEU FILHOTE.
FILHOTES SÃO TODOS IGUAIS, GOSTAM MUITO DE BRINCAR.
ELES CORREM DE UM LADO PARA O OUTRO, SOBEM NAS COSTAS DA MÃE, BRINCAM DE ESCONDE-ESCONDE.
MAS DEPOIS, QUANDO SE CANSAM, VÃO DORMIR ABRAÇADINHOS.

FILHOTE
SINGULAR

FILHOTE**S**
PLURAL

> OS SUBSTANTIVOS COMUNS PODEM SER USADOS NO SINGULAR E NO PLURAL.
> O **SINGULAR** INDICA APENAS **UM** ELEMENTO.
> O **PLURAL** INDICA **MAIS DE UM** ELEMENTO. QUANDO OS SUBSTANTIVOS COMUNS ESTÃO NO PLURAL, ELES TERMINAM EM **S**.

GATA

UMA SÓ GATA → SINGULAR

GATA**S**

MAIS DE UMA GATA → PLURAL

ATIVIDADES

1. ESCREVA A LETRA INICIAL DO NOME DAS FIGURAS E DESCUBRA COMO SE CHAMA UMA AVE MUITO COLORIDA DO BRASIL.

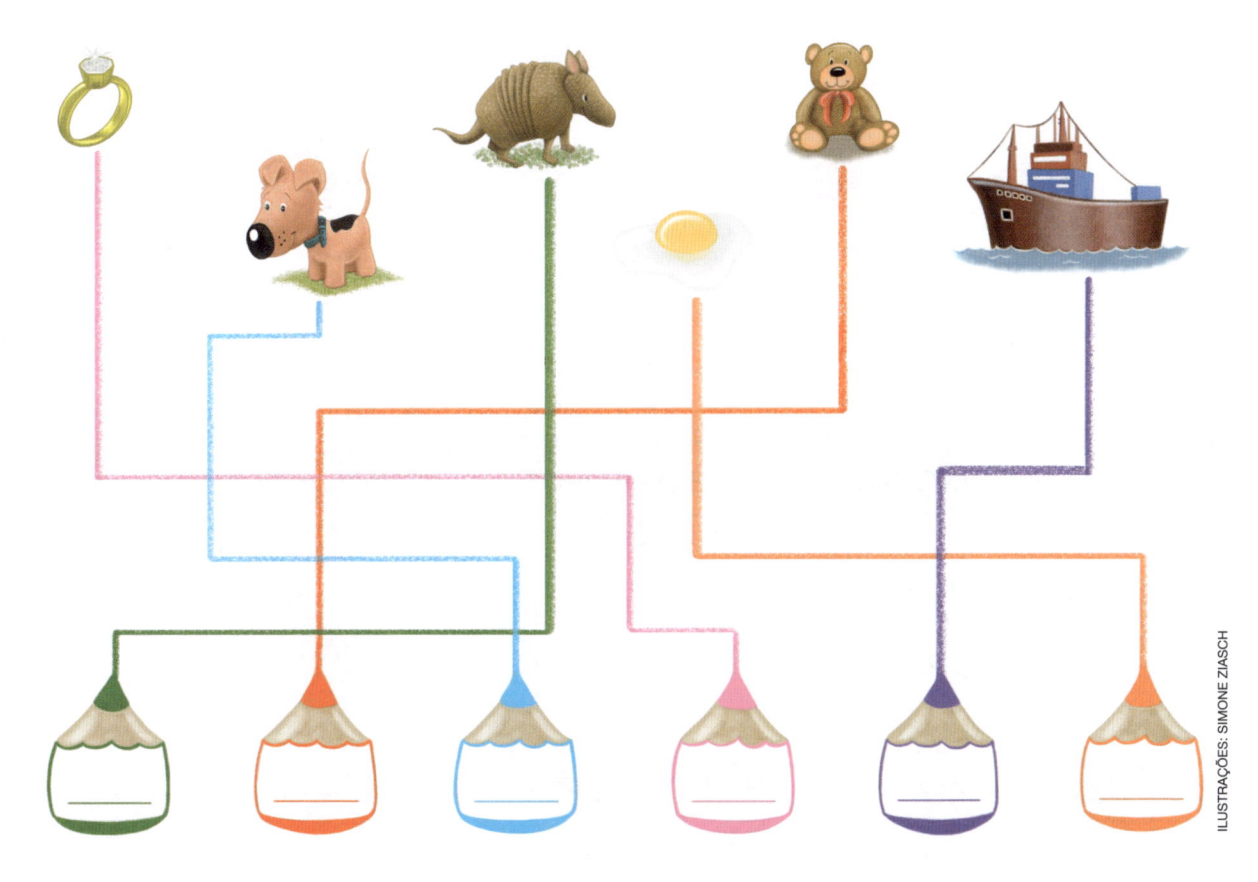

- DEPOIS, COMPLETE A FRASE COM **SINGULAR** OU **PLURAL**.

O NOME DESSA AVE ESTÁ NO _____.

2. COPIE AS PALAVRAS EMBAIXO DAS FIGURAS.

PETECAS   GATOS   PATO   COPOS   CANETA   CASA

_____   _____   _____

_____   _____   _____

CIRCULE DE **VERDE** AS PALAVRAS NO SINGULAR.

CIRCULE DE **VERMELHO** AS PALAVRAS NO PLURAL.

PODEMOS PASSAR UMA PALAVRA DO SINGULAR PARA O PLURAL.
O VASO → **OS** VASO**S**
A MESA → **AS** MESA**S**
NO **SINGULAR**, USAMOS **O** OU **A** ANTES DAS PALAVRAS.
NO **PLURAL**, USAMOS **OS** OU **AS**.

3. ESCREVA O PLURAL.

O SINO → _____

A BOTA → _____

A LUVA → _____

4. ENCONTRE, NO TÍTULO DO LIVRO, DOIS NOMES DE AVE.

NOME NO SINGULAR

_____

_____

_____

NOME NO PLURAL

_____

_____

_____

5. COPIE AS LETRAS NOS LOCAIS INDICADOS E FORME TRÊS NOMES DE FRUTAS.

- AGORA, ESCREVA O NOME DESSAS FRUTAS NO PLURAL.

_____

_____

QUE, QUI

ESQUISITICES

EU HOJE ACORDEI
MUITO ESQUISITO.

JÁ COMI O PÉ DA MESA
E BEBI CAFÉ COM MOSQUITO,
FUI À PRAIA E, NO MAR,
PESQUEI UM PEIXE FRITO.

EU HOJE ACORDEI
MUITO ESQUISITO.

DEI BOM-DIA PRA CAVALO
E RELINCHEI PRO CABRITO,
ME PENDUREI NO VARAL:
LOGO QUE ESTIVER SECO, GRITO!

EU HOJE ACORDEI
MUITO ESQUISITO.

CUSPI FOGO NA TOALHA
E ENGOLI UM PERIQUITO.
EU TÔ QUE TÔ: EU, HOJE,
MUITO ESQUISITO!

SÉRGIO CAPPARELLI. *111 POEMAS PARA CRIANÇAS.* PORTO ALEGRE: L&PM, 2011.

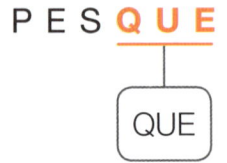

ES**QUI**SITO → QUI

PES**QUE**I → QUE

EM MUITAS PALAVRAS, O **U** DOS GRUPOS **QUI** E **QUE** NÃO É PRONUNCIADO.

ATIVIDADES

1. COMPLETE AS PALAVRAS COM **QUE** OU **QUI**.

   MOLE_____   PAN_____CA   ES_____LO   LE_____

   - USE AS PALAVRAS NAS FRASES.

     O ESQUELETO SE ABANA COM O _____.

     O _____ PEGOU A _____ DO MOLEQUE.

2. JUNTE AS LETRAS **AZUIS** E FORME O NOME DE UMA AVE QUE PODE APRENDER A FALAR ALGUMAS PALAVRAS.

   A U P N E Y R M I S B Q D U L I Z T V C O

   _____

   - COLE AQUI O ADESIVO DA PÁGINA 267 QUE MOSTRA ESSA AVE.

3. COMPLETE AS FRASES COM AS PALAVRAS A SEGUIR.

PEQUENO   CAQUI   QUERIDA   QUILO

MAMÃE COMPROU MEIO _____ DE QUIABO.

BETE É MINHA AMIGA _____.

MEU GATO NÃO É GRANDE, É _____.

O _____ É UMA FRUTA MUITO DOCE.

4. JUNTE AS SÍLABAS DA MESMA COR E FORME PALAVRAS.

PAR   QUI   QUE

QUI   QUE

MOS   RA   TE   TO

NA   ES

_____
_____
_____
_____

5. ORDENE AS PALAVRAS PARA FORMAR UMA FRASE INTERROGATIVA. DEPOIS, LEIA A FRASE EM VOZ ALTA.

ESQUILO   SE   ONDE   ESCONDEU   AQUELE

_____

QUA

6. LEIA.

ERA UMA VEZ
UM TIME DA PESADA.
JOGAVA FUTEBOL
COM BOLA QUADRADA.

EVA FURNARI, *ASSIM ASSADO*.
SÃO PAULO: MODERNA, 2004.

Q U A D R A D A
| QUA |

SE DEPOIS DO **QU** VIER O **A**, O **U** É PRONUNCIADO.

- COMPLETE AS PALAVRAS COM **QUA** E LEIA EM VOZ ALTA.

  _____ DRADO   TA _____ RA

  _____ TRO   _____ DRILHA

  _____ DRA   _____ DRO

- USE DUAS DAS PALAVRAS QUE VOCÊ FORMOU NAS FRASES.

MEU IRMÃO TEM _____ ANOS.

EU JOGO FUTEBOL NA _____ DA ESCOLA.

7. VAMOS FORMAR PALAVRAS!

QUADRO ⟶ TROQUE **D** POR **T** ⟶ _____

QUANTO ⟶ TROQUE **T** POR **D** ⟶ _____

QUEIXO ⟶ TROQUE **X** POR **J** ⟶ _____

- COMPLETE A FRASE COM UMA DAS PALAVRAS QUE VOCÊ FORMOU.

O RATINHO PEGOU O _____ E CORREU PARA O QUARTO.

BRINCANDO E APRENDENDO

LIGUE OS ESQUILOS ÀS SUAS NOZES, DE ACORDO COM A LEGENDA.

23

AUMENTATIVO E DIMINUTIVO

GRANDÃO E PEQUENINO

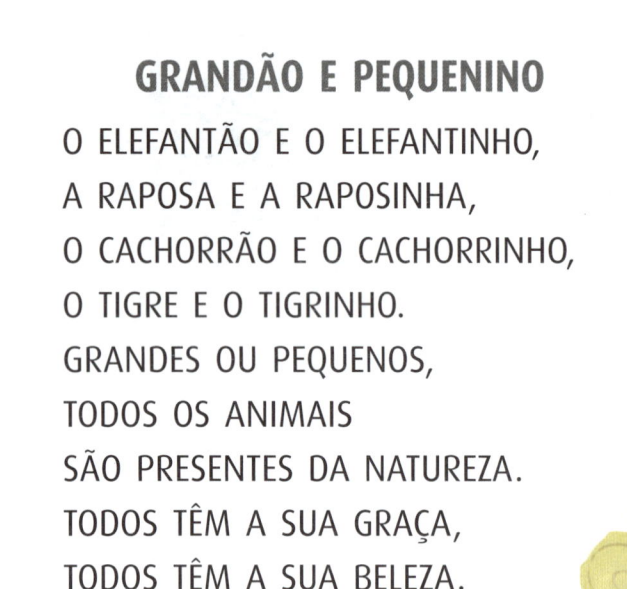

O ELEFANTÃO E O ELEFANTINHO,
A RAPOSA E A RAPOSINHA,
O CACHORRÃO E O CACHORRINHO,
O TIGRE E O TIGRINHO.
GRANDES OU PEQUENOS,
TODOS OS ANIMAIS
SÃO PRESENTES DA NATUREZA.
TODOS TÊM A SUA GRAÇA,
TODOS TÊM A SUA BELEZA.

SANDRA LAVANDEIRA

CACHORRO	CACHORRINHO	CACHORRÃO
FORMA NORMAL	DIMINUTIVO	AUMENTATIVO

AS PALAVRAS PODEM MUDAR DE FORMA PARA INDICAR TAMANHO MAIOR OU MENOR QUE O NORMAL.
O **AUMENTATIVO** INDICA TAMANHO MAIOR QUE O NORMAL:
  CACHORRÃO   ELEFANTÃO   GATÃO
O **DIMINUTIVO** INDICA TAMANHO MENOR QUE O NORMAL:
  CACHORRINHO   ELEFANTINHO   GATINHO

ATIVIDADES

1. COMPLETE AS FRASES COM DIMINUTIVOS. VEJA O EXEMPLO.

UM GATO PEQUENO É UM **GATINHO**.

UM LIVRO PEQUENO É UM _____.

UMA LUVA PEQUENA É UMA _____.

UM CADERNO PEQUENO É UM _____.

UMA LETRA PEQUENA É UMA _____.

2. COMPLETE AS FRASES COM AUMENTATIVOS. VEJA O EXEMPLO.

UM GATO GRANDE É UM **GATÃO**.

UM DEDO GRANDE É UM _____.

UM DENTE GRANDE É UM _____.

UM PEIXE GRANDE É UM _____.

UM TOMATE GRANDE É UM _____.

3. VAMOS FORMAR OUTROS DIMINUTIVOS?

BOLINHA → TROQUE **O** POR **A** = ____ ____ ____ ____ ____ ____ ____

SALINHA → TROQUE **S** POR **M** = ____ ____ ____ ____ ____ ____ ____

JANELINHA → TROQUE **J** POR **P** = ____ ____ ____ ____ ____ ____ ____ ____ ____

BOTINHA → TROQUE **B** POR **G** = ____ ____ ____ ____ ____ ____ ____

4. LEIA O TÍTULO DO LIVRO.

- QUE PALAVRA DO TÍTULO ESTÁ NO DIMINUTIVO?

  _____

- ESCREVA O AUMENTATIVO E A FORMA NORMAL DESSA PALAVRA.

  AUMENTATIVO _____

  FORMA NORMAL _____

5. SUBSTITUA OS ALGARISMOS POR SÍLABAS E ENCONTRE QUATRO NOMES DE ANIMAIS.

1 ca	2 lo	3 ri	4 li	5 go	6 ma

7 bi	8 nho	9 cão	10 va	11 lão

2 + 7 + 8 = _____

6 + 1 + 9 = _____

1 + 10 + 4 + 8 = _____

5 + 3 + 11 = _____

- CIRCULE DE **AZUL** OS AUMENTATIVOS.

- CIRCULE DE **VERMELHO** OS DIMINUTIVOS.

- AGORA, PINTE AS FIGURAS.

M ANTES DE *B* E *P*

BAMBI E SEUS COMPANHEIROS

VOCÊ CONHECE A HISTÓRIA DO BAMBI?
ESSE É O NOME DE UM BICHINHO MUITO SIMPÁTICO.
ELE VIVE COM SEUS AMIGOS NA FLORESTA.
UM DE SEUS AMIGOS É UM COELHO ENGRAÇADO CHAMADO TAMBOR.
BAMBI GOSTA DE BRINCAR, DE CORRER AO VENTO, DE ROLAR NA GRAMA MACIA...
AH! QUE VIDA BOA TEM O BAMBI!

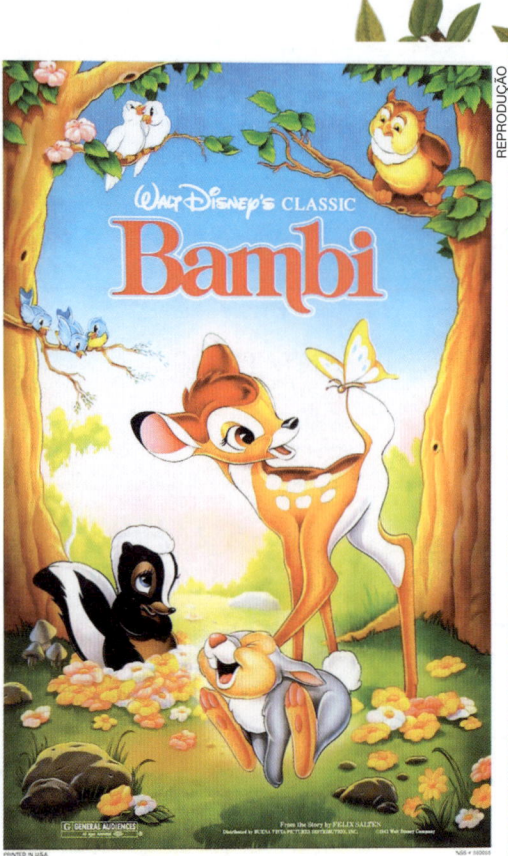

BA**MB**I — M ANTES DE **B**

CO**MP**ANHEIROS — M ANTES DE **P**

USAMOS SEMPRE **M** ANTES DAS LETRAS **B** E **P**.
ANTES DAS **OUTRAS CONSOANTES**, USAMOS **N**:
BRI**NC**AR   VE**NT**O   A**ND**AR

ATIVIDADES

1. COPIE AS LETRAS NOS LOCAIS INDICADOS E DESCUBRA QUEM PRESTA SOCORRO EM CASO DE INCÊNDIO.

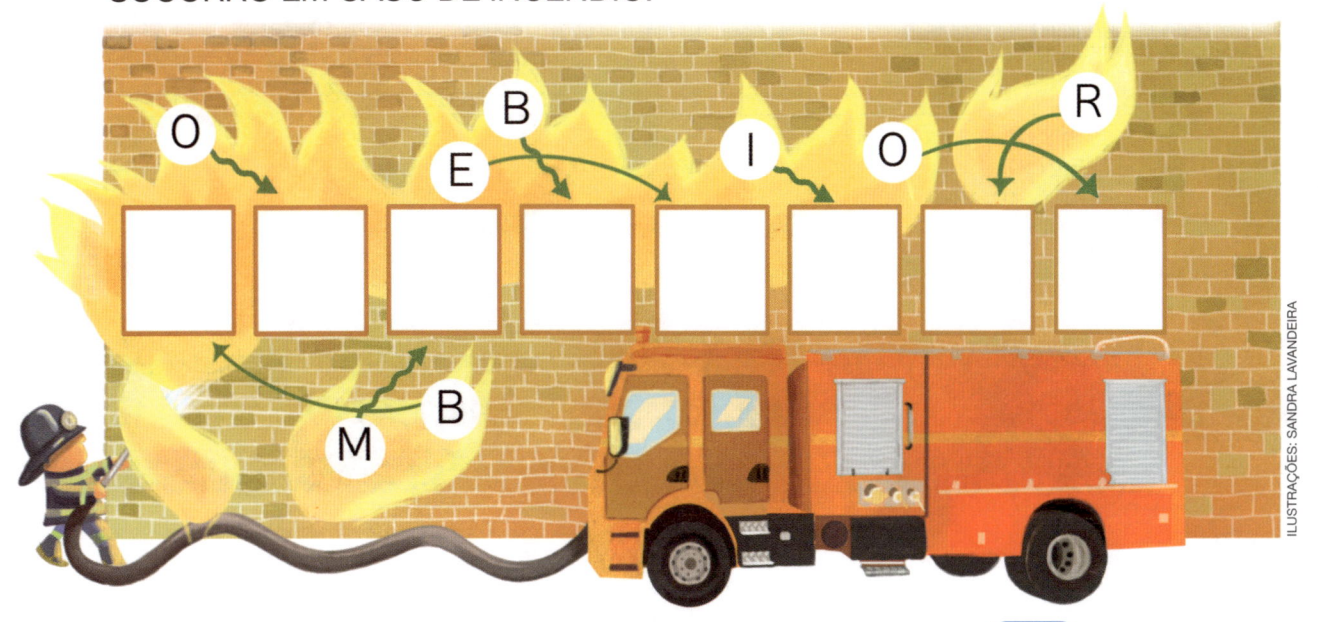

- QUE VOGAL APARECE DUAS VEZES NESSA PALAVRA? ☐

- QUE CONSOANTE APARECE DUAS VEZES NESSA PALAVRA? ☐

2. ESCREVA A LETRA QUE FALTA PARA COMPLETAR O NOME DA FIGURA.

___O___BA   ___O___TE

___E___TE   ___O___BOM

- QUAIS DESSAS PALAVRAS TÊM DUAS VOGAIS IGUAIS?

_____

- COMPLETE A FRASE COM DUAS PALAVRAS QUE VOCÊ FORMOU.

A _____ SE ESCONDEU EMBAIXO DA _____.

3. TROQUE AS LETRAS **AZUIS** DE POSIÇÃO. DEPOIS, CIRCULE A PALAVRA QUE TEM DUAS VOGAIS IGUAIS.

CA**PM**O _____ _____ _____ _____

TO**BM**O _____ _____ _____ _____

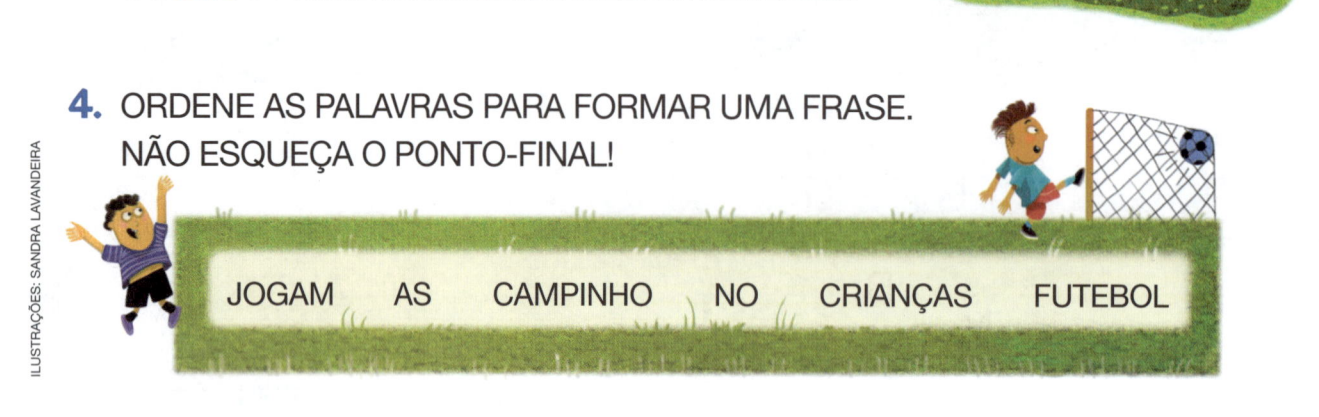

SO**BM**RA _____ _____ _____ _____ _____

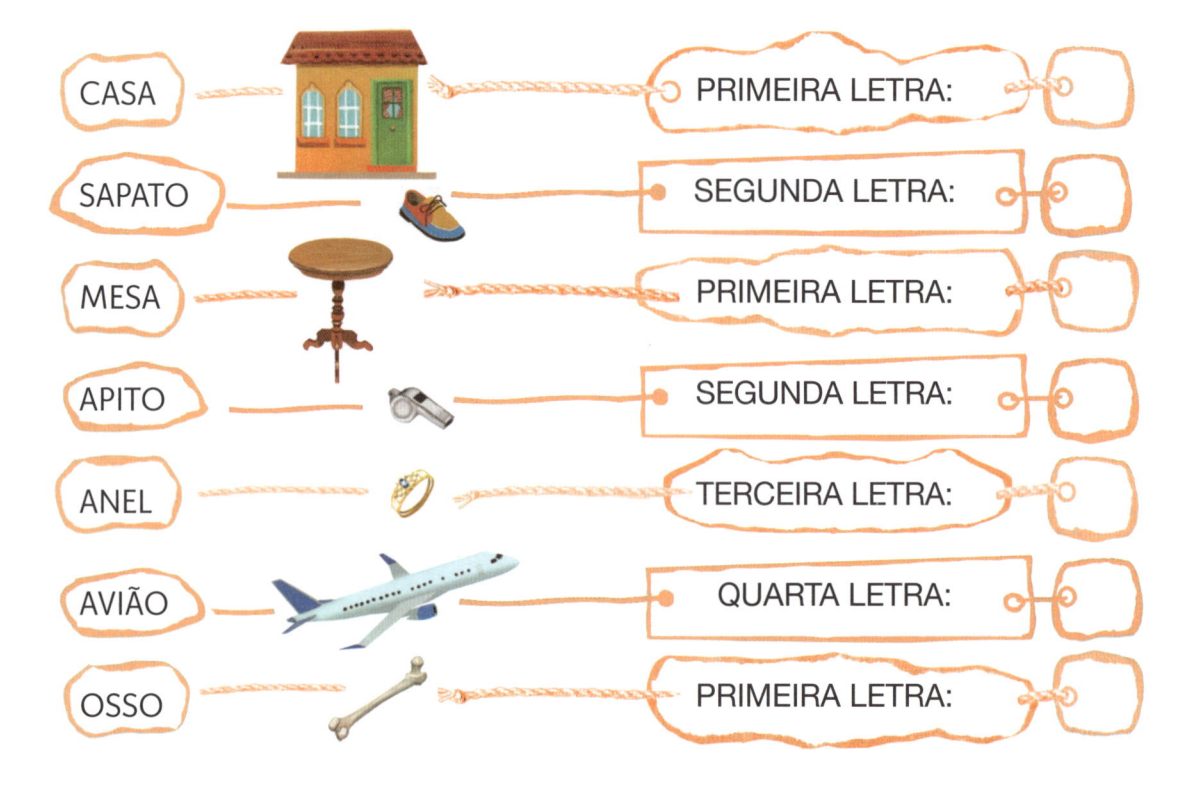

4. ORDENE AS PALAVRAS PARA FORMAR UMA FRASE. NÃO ESQUEÇA O PONTO-FINAL!

JOGAM   AS   CAMPINHO   NO   CRIANÇAS   FUTEBOL

_____

_____

5. COPIE A LETRA INDICADA DO NOME DE CADA FIGURA.

CASA — PRIMEIRA LETRA:

SAPATO — SEGUNDA LETRA:

MESA — PRIMEIRA LETRA:

APITO — SEGUNDA LETRA:

ANEL — TERCEIRA LETRA:

AVIÃO — QUARTA LETRA:

OSSO — PRIMEIRA LETRA:

- ESCREVA A PALAVRA FORMADA. _____

BRINCANDO E APRENDENDO

COLOQUE AS LETRAS NOS LOCAIS INDICADOS E FORME UMA FRASE.

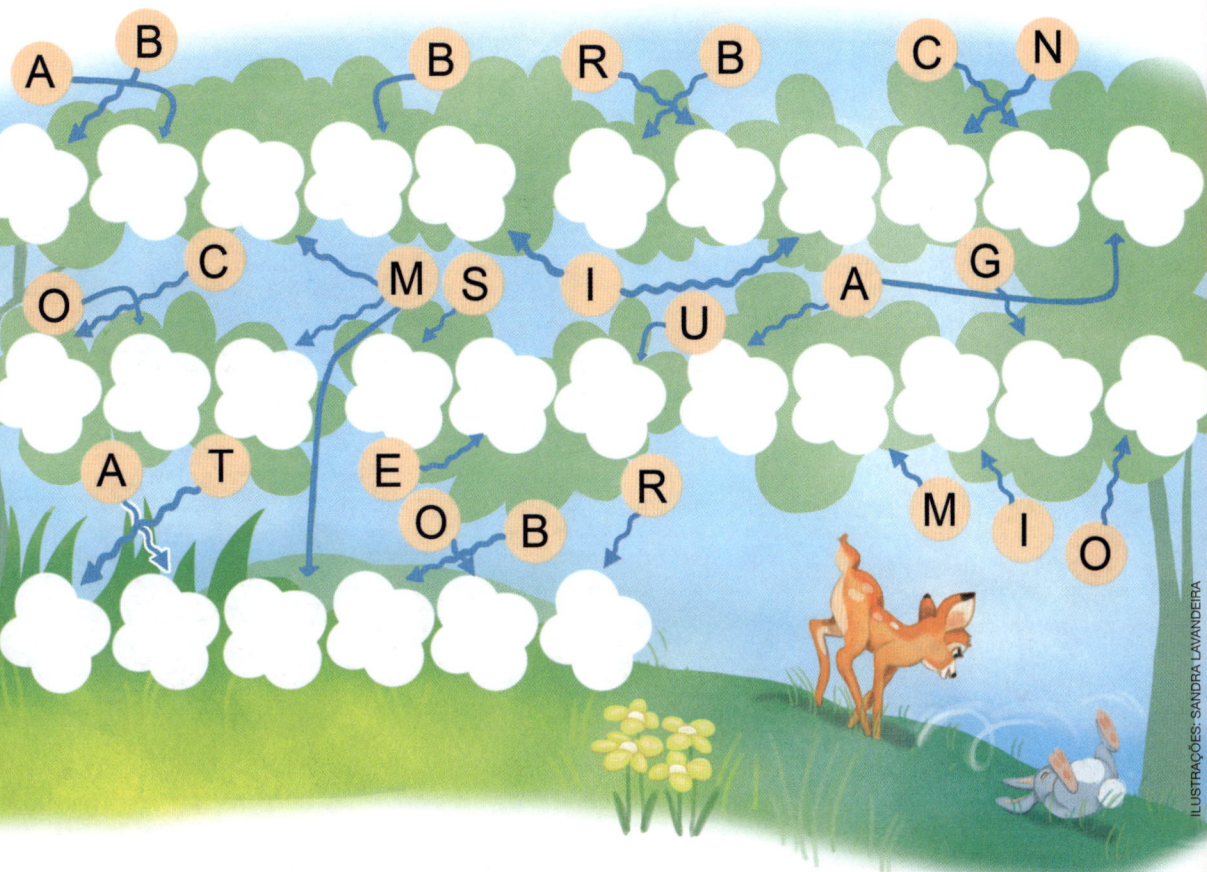

- AGORA, PINTE A CENA.

24

▶ ADJETIVO

UMA FESTA COLORIDA

VAMOS PASSEAR NO JARDIM,
UMA FESTA DE CORES E BELEZAS!
FLORES GRANDES E PEQUENAS,
BRANCAS, AMARELAS, VERMELHAS.
FLORES DE TODAS AS CORES,
QUE EMBELEZAM O MUNDO
E FAZEM A VIDA MAIS ALEGRE!

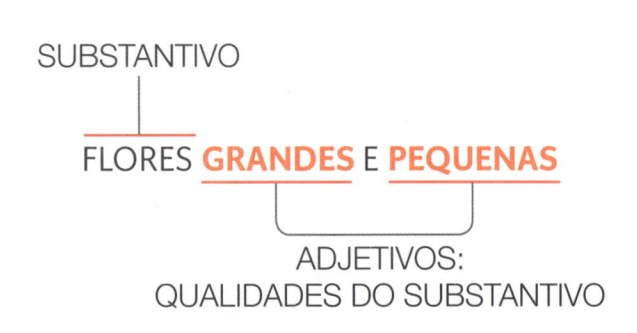

SUBSTANTIVO
|
FLORES **GRANDES** E **PEQUENAS**
ADJETIVOS:
QUALIDADES DO SUBSTANTIVO

SUBSTANTIVO
|
FLORES **BRANCAS**, **AMARELAS**, **VERMELHAS**.

ADJETIVOS: QUALIDADES DO SUBSTANTIVO

> O **ADJETIVO** É A PALAVRA QUE INDICA QUALIDADE OU JEITO DE SER DO SUBSTANTIVO.
> É A PALAVRA QUE USAMOS PARA DIZER COMO É OU COMO ESTÁ UMA PESSOA, UM ANIMAL, UMA COISA OU UM LUGAR.

VEJA OUTROS EXEMPLOS DE ADJETIVO.

JARDIM → FLORIDO
SUBSTANTIVO   ADJETIVO

LINDO → GATINHO
ADJETIVO   SUBSTANTIVO

CAVALO → NEGRO
SUBSTANTIVO   ADJETIVO

GRANDE → ÁRVORE
ADJETIVO   SUBSTANTIVO

ATIVIDADES

1. SUBLINHE OS ADJETIVOS EM CADA CASO.

CACHORRO PELUDO

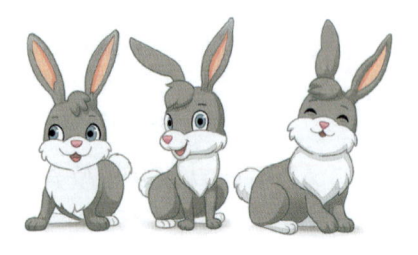

COELHOS CINZA

BONITA CASA

PALHAÇO ENGRAÇADO

2. COMPLETE AS FRASES A SEGUIR COM UM DOS ADJETIVOS DOS QUADROS.

A BALEIA É UM ANIMAL _____. GRANDE / PEQUENO

A GIRAFA TEM O PESCOÇO _____. CURTO / LONGO

O ELEFANTE É UM BICHO _____. LEVE / PESADO

3. LEIA OS TÍTULOS DOS LIVROS E CIRCULE O ADJETIVO QUE APARECE EM CADA UM DELES.

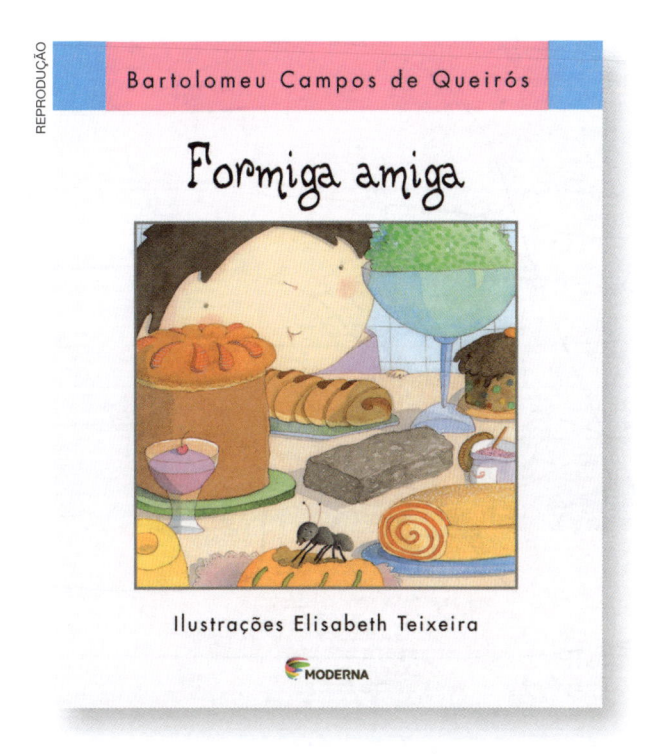

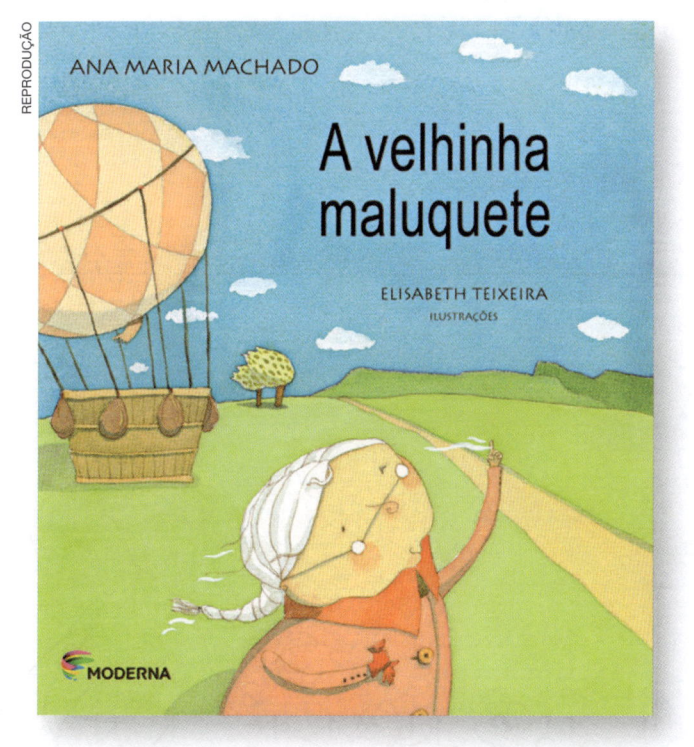

- AGORA, COPIE OS ADJETIVOS QUE APARECEM EM CADA TÍTULO.

_____

_____

4. COPIE AS LETRAS NOS LOCAIS INDICADOS E FORME UM ADJETIVO.

- AGORA, COMPLETE A FRASE COM O ADJETIVO QUE VOCÊ FORMOU.

  PEIXINHOS _____ NADAM NO MAR.

- COLE OS ADESIVOS DA PÁGINA 267 NA CENA.

- ACABE DE PINTAR A CENA.

SONS DO X

QUEM MANDOU MEXER COM O CACHORRO?

MENINO XERETA, MUITO EXIBIDO,
MEXEU COM O CACHORRO E SE DEU MAL.
AGORA, CORRE DE MEDO,
EXCLAMANDO: — SOCORRO!
SEGUREM ESSE ANIMAL!

SAULO NUNES

ME**X**ER **X**ERETA — X COM SOM DE **CH**

E**X**IBIDO — X COM SOM DE **Z**

E**X**CLAMANDO — X COM SOM DE **S**

A LETRA **X** PODE REPRESENTAR DIFERENTES SONS DEPENDENDO DA PALAVRA EM QUE ESTÁ.

ATIVIDADES

1. COMPLETE OS ESPAÇOS A SEGUIR COM A LETRA **X**.

____ÍCARA   ____AMPU   CAI____A   PEI____E

- AGORA, LEIA AS PALAVRAS EM VOZ ALTA.

> NO COMEÇO DE PALAVRA, A LETRA **X** SEMPRE REPRESENTA O SOM DE **CH**.
>
> BLUSA **X**ADREZ   **X**AROPE DE LIMÃO

2. SIGA AS INSTRUÇÕES E FORME UM ADJETIVO.

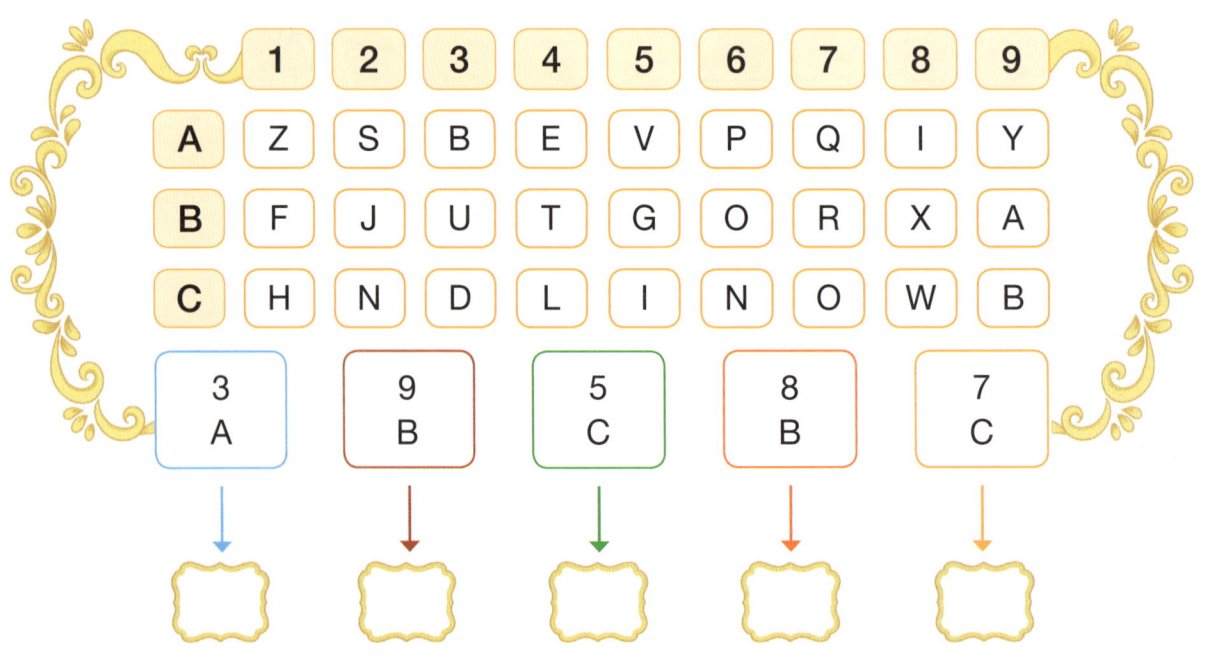

	1	2	3	4	5	6	7	8	9
A	Z	S	B	E	V	P	Q	I	Y
B	F	J	U	T	G	O	R	X	A
C	H	N	D	L	I	N	O	W	B

3A   9B   5C   8B   7C

- O ADJETIVO QUE VOCÊ FORMOU É SINÔNIMO OU ANTÔNIMO DE **ALTO**?

☐ SINÔNIMO   ☐ ANTÔNIMO

3. TROQUE OS SÍMBOLOS POR LETRAS E FORME O NOME DE UMA FRUTA.

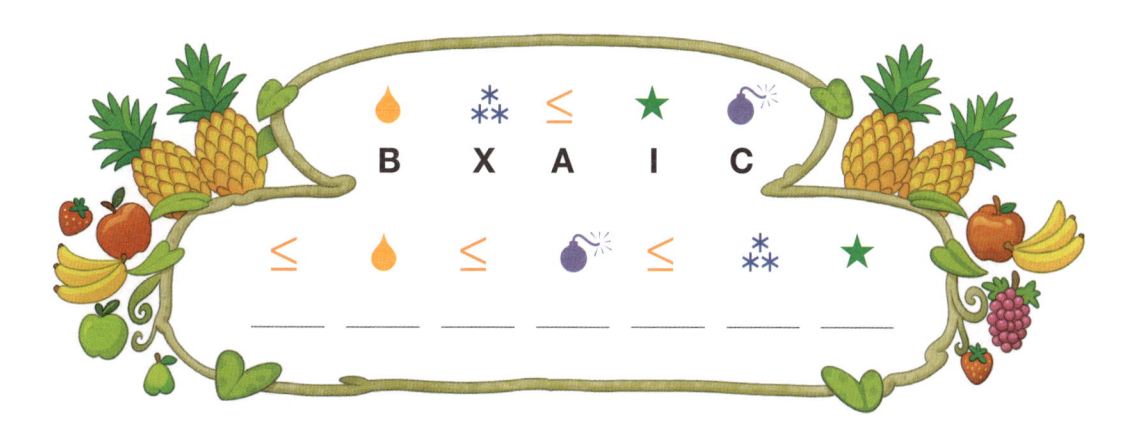

B X A I C

_____

- AGORA, COMPLETE A FRASE COM A PALAVRA QUE VOCÊ FORMOU.

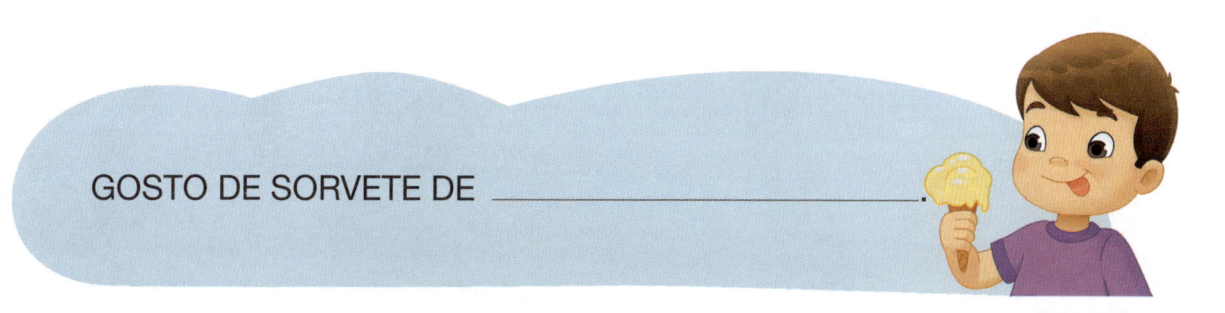

GOSTO DE SORVETE DE _____.

4. LEIA EM VOZ ALTA AS PALAVRAS.

EXAME   EXAGERADO   EXIBIDO

- QUE SOM A LETRA **X** REPRESENTA NESSAS PALAVRAS?

☐ O SOM DE **CH**.   ☐ O SOM DE **Z**.

5. COMPLETE AS PALAVRAS A SEGUIR COM UMA VOGAL.

____XPLICAR   ____XPLOSÃO   ____XCLAMAÇÃO

- AGORA, LEIA AS PALAVRAS EM VOZ ALTA.

- QUE SOM A LETRA **X** REPRESENTA NESSAS PALAVRAS?

☐ O SOM DE **CH**.   ☐ O SOM DE **S**.

6. LEIA O TEXTO.

GATINHA EXIBIDA

ERA UMA GATINHA EXAGERADA.
TOMAVA BANHO COM XAMPU,
VESTIA UM XALE XADREZ
E SE EXIBIA NA RUA
ANDANDO SALTITANTE
E EXCLAMANDO:
— AI, COMO SOU ELEGANTE!

- SUBLINHE DE **AZUL** AS PALAVRAS EM QUE O **X** TEM SOM DE **CH**.

- SUBLINHE DE **VERMELHO** AS PALAVRAS EM QUE O **X** TEM SOM DE **Z**.

- SUBLINHE DE **VERDE** AS PALAVRAS EM QUE O **X** TEM SOM DE **S**.

- AGORA, ACABE DE PINTAR A CENA.

BRINCANDO E APRENDENDO

O QUADRO 2 TEM QUATRO FIGURAS QUE **NÃO** ESTÃO NO QUADRO 1. CIRCULE DE **VERMELHO** ESSAS QUATRO FIGURAS.

QUADRO 1

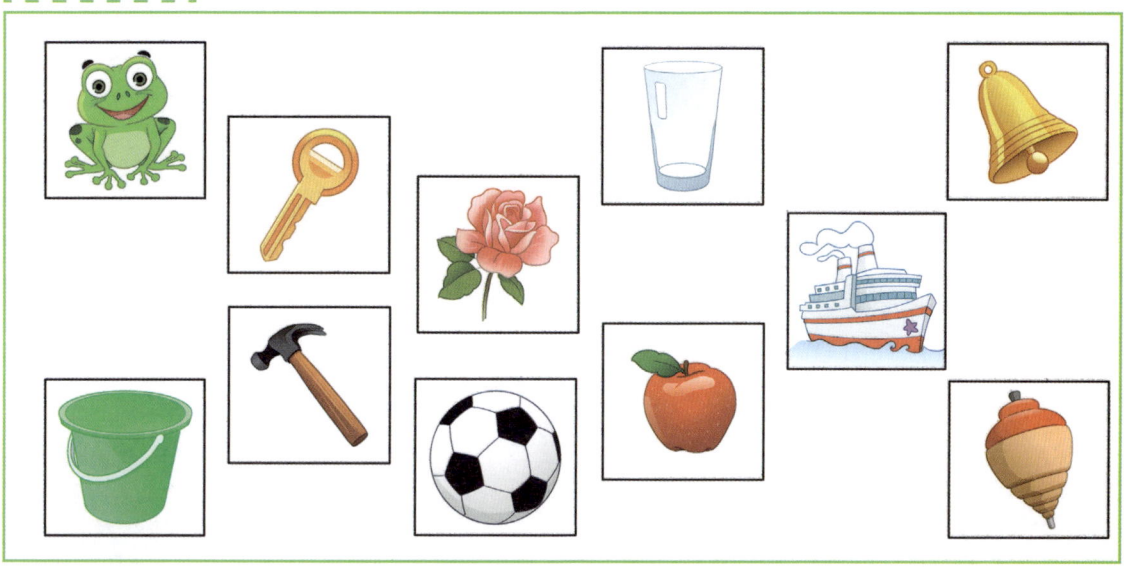

QUADRO 2

- ESCREVA OS NOMES DAS FIGURAS QUE VOCÊ CIRCULOU.

_____

_____

25

▶ VERBO

O PALHAÇO PIOLIM

O PALHAÇO FAZ TODO MUNDO RIR.
ELE TEM A CARA PINTADA,
ANDA DE UM JEITO ENGRAÇADO,
CORRE, PULA, ESCORREGA, CAI,
LEVANTA DEPRESSA
E CAI DE NOVO!
A CRIANÇADA GRITA:
— VIVA O PALHAÇO PIOLIM!

CORRE PULA ESCORREGA CAI LEVANTA
VERBOS

VERBOS SÃO PALAVRAS QUE INDICAM AÇÃO.

ATIVIDADES

1. ESCREVA EMBAIXO DE CADA CENA O QUE CADA CRIANÇA ESTÁ FAZENDO. USE OS VERBOS A SEGUIR.

CORRE COME CHUTA PULA

2. COPIE AS LETRAS NOS LOCAIS INDICADOS E FORME UMA FRASE.

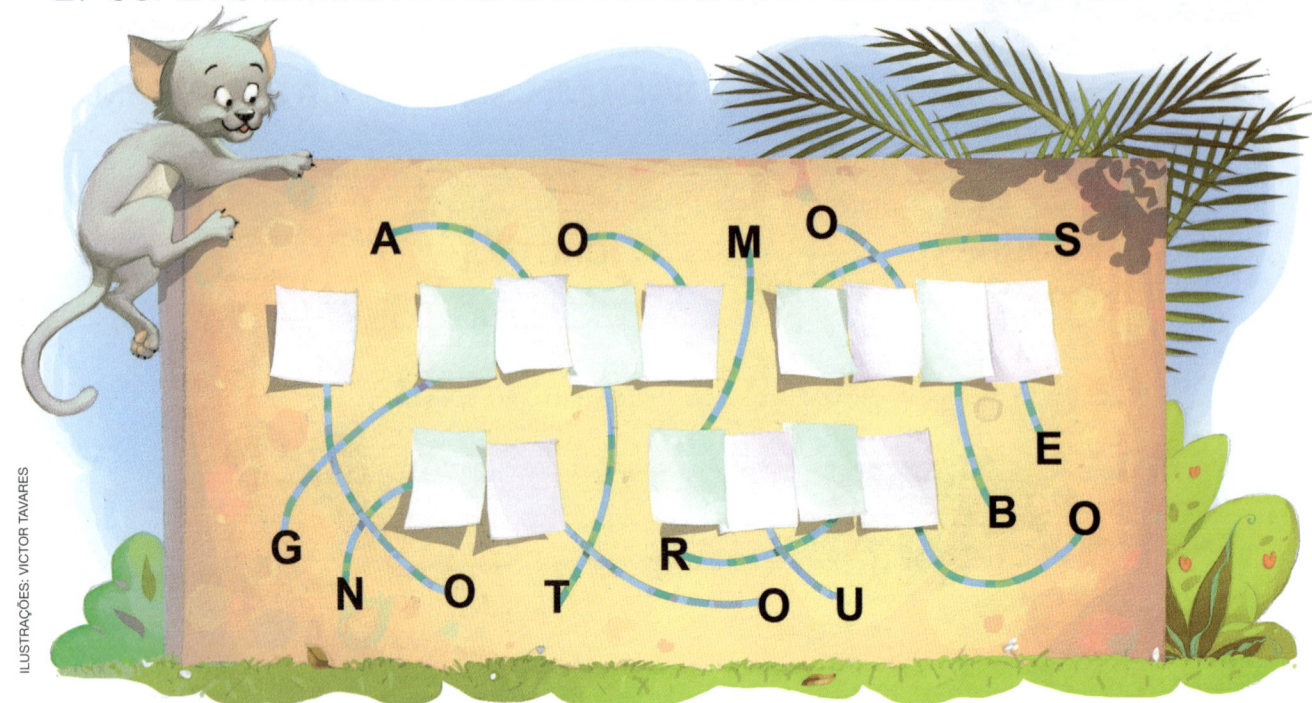

- QUAL PALAVRA DA FRASE É UM VERBO? _____

3. COMPLETE AS FRASES USANDO OS VERBOS DO QUADRO.

ESCOVA   PENTEIA   LAVA

ANA _____ O ROSTO.

BIA _____ OS DENTES.

CLARA _____ OS CABELOS.

4. DESCREVA AS CENAS COMPLETANDO AS FRASES COM OS VERBOS.

NADA   TOCA   BEBE   DANÇA

PAULO _____.

BETE _____.

CAIO _____ PIANO.

LUCAS _____ ÁGUA.

5. PASSE UM TRAÇO AZUL EMBAIXO DOS VERBOS DAS FRASES.

O MENINO ABRIU O PORTÃO E ENTROU.

O CACHORRINHO SALTOU DE ALEGRIA!

- AGORA, COLE AQUI O ADESIVO DA PÁGINA 270.

- DEPOIS, ACABE DE PINTAR A CENA.

K, W, Y – LETRAS ESPECIAIS

ARTISTAS DE CIRCO

WILLIAM E KELLY SÃO ARTISTAS DE CIRCO. ELES PARECEM VOAR NOS TRAPÉZIOS. VÃO DE UM LADO PARA O OUTRO E DÃO UM *SHOW*! WILLIAM E KELLY SÃO ESPETACULARES!

WILLIAM — W

KELL**Y** — K Y

AS LETRAS **K**, **W** E **Y** FAZEM PARTE DO ALFABETO. ELAS SÃO USADAS NA ESCRITA DE NOMES PRÓPRIOS E DE PALAVRAS ESTRANGEIRAS.

VEJA A POSIÇÃO DESSAS LETRAS NO ALFABETO.

A B C D E F G H I J **K** L M N O P Q R S T U V **W** X **Y** Z

a b c d e f g h i j **k** l m n o p q r s t u v **w** x **y** z

ATIVIDADES

1. PASSE UM TRAÇO EMBAIXO DAS PALAVRAS QUE TÊM AS LETRAS **K**, **W**, **Y**.

CORRIDA DE *KART*! *SHOW* ESPETACULAR COM OS IRMÃOS WÍLSON E AMAURY.

2. CIRCULE AS LETRAS **K**, **W** E **Y** NOS NOMES DAS MENINAS.

KÁTIA   YARA   WANDA   SUELY

- AGORA, COPIE O NOME DE CADA MENINA SABENDO QUE:

WANDA USA CAMISETA VERMELHA.   KÁTIA USA BERMUDA.

SUELY USA ÓCULOS ESCUROS.   YARA USA CALÇA COMPRIDA.

3. ESCREVA AS LETRAS **K**, **W** E **Y** NOS QUADRINHOS.

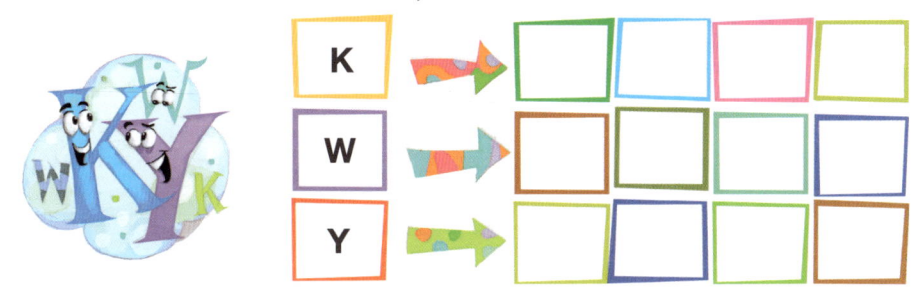

4. CIRCULE AS LETRAS **K**, **W** E **Y** NO QUADRO ABAIXO.

M	W	X	Z	Y	C	K	W	N
K	Y	Z	X	L	Y	V	B	M
N	K	L	C	V	M	W	Z	K
Y	L	M	W	B	Y	K	T	W

- QUANTAS VEZES CADA UMA DAS LETRAS **K**, **W** E **Y** APARECEU? PINTE A RESPOSTA.

1   2   3   4   5

5. ESCREVA AS LETRAS NOS LOCAIS INDICADOS E DESCUBRA UM NOME DE MENINA COM **K**.

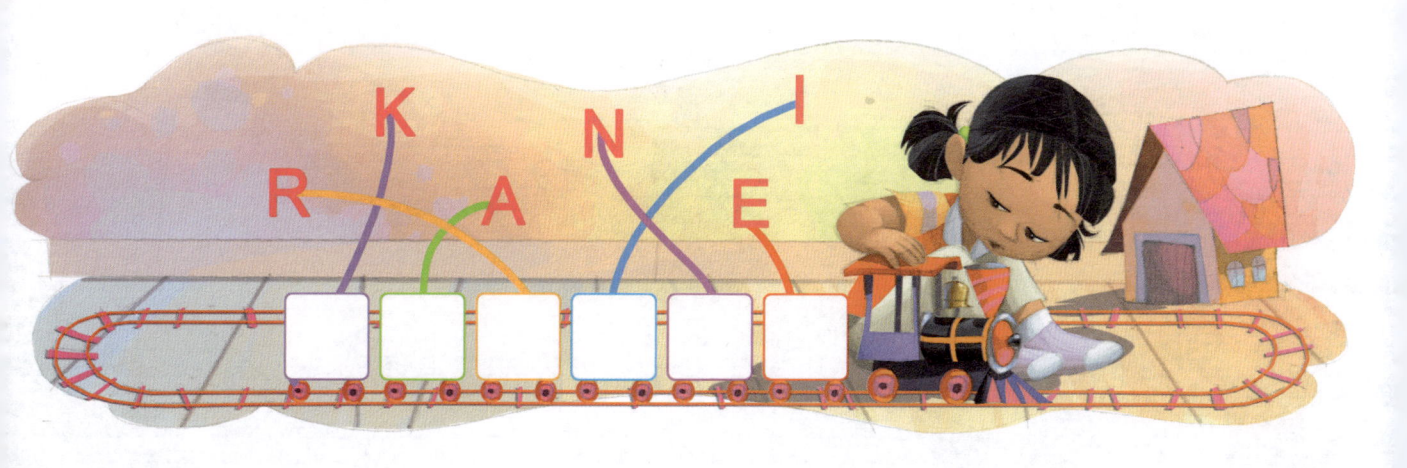

6. NO ALFABETO ABAIXO, ESTÃO FALTANDO ALGUMAS LETRAS. DESTAQUE DA PÁGINA 270 OS ADESIVOS DE LETRAS E COLE-OS AQUI.

BRINCANDO E APRENDENDO

CINCO AMIGOS ESTÃO PESCANDO. QUAIS NOMES ELES PESCARAM? SIGA A LINHA DAS VARAS E DESCUBRA!

- COPIE O NOME QUE CADA CRIANÇA PESCOU.

PAULO: _____   ANA: _____

IVO: _____   EVA: _____

CARLOS: _____

REVISÃO

1. COLOQUE O **TIL** SEMPRE QUE NECESSÁRIO E LEIA O POEMA EM VOZ ALTA.

QUE BAGUNÇA!

O MACACO SIMAO
ENTROU NA COZINHA
PEGOU UM LIMAO
JOGOU NA GALINHA
COMEU UM MAMAO
SUBIU NO FOGAO
E ASSUSTOU A GATINHA!

- SEPARE AS SÍLABAS DAS PALAVRAS.

MACACO

_____ _____ _____

LIMÃO

_____ _____

- SUBLINHE OS VERBOS USADOS NO POEMA.

> VERBO É A PALAVRA QUE INDICA AÇÃO.

- QUAL É O SINAL DE PONTUAÇÃO USADO NO TÍTULO DO POEMA?

☐ PONTO DE INTERROGAÇÃO   ☐ PONTO DE EXCLAMAÇÃO

2. AS LETRAS **AZUIS** TROCARAM DE POSIÇÃO. ESCREVA AS PALAVRAS CORRETAMENTE.

PAL**HÇ**AO _____ _____ _____ _____

SO**HN**O _____ _____ _____

ES**UQ**ILO _____ _____ _____

3. COMPLETE AS PALAVRAS A SEGUIR ESCREVENDO UMA VOGAL.

TELHAD____   CHAV____   CARRINH____   BORRACH____

- AS PALAVRAS QUE VOCÊ COMPLETOU ESTÃO NO:

    ☐ SINGULAR.   ☐ PLURAL.

- SUBLINHE DE **VERMELHO** AS PALAVRAS QUE SÃO FEMININAS E DE **AZUL** AS QUE SÃO MASCULINAS.

4. LEIA OS TÍTULOS DOS LIVROS.

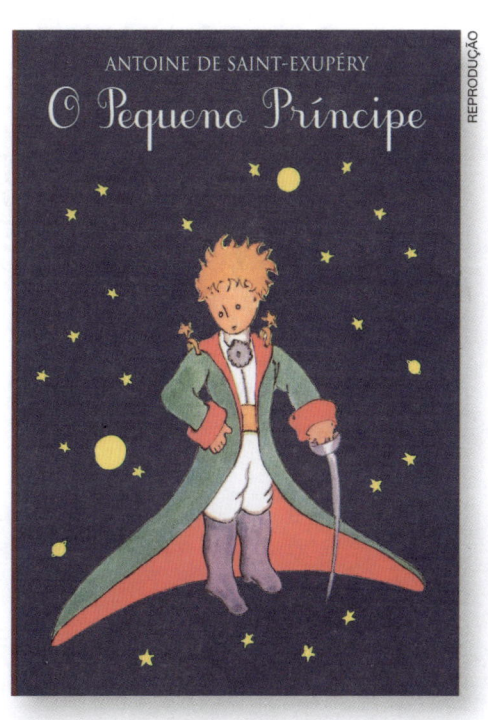

- AGORA, COPIE OS ADJETIVOS QUE APARECEM NOS TÍTULOS.

> **ADJETIVO** É A PALAVRA QUE INDICA QUALIDADE OU JEITO DE SER DO SUBSTANTIVO.

_____

REVISÃO

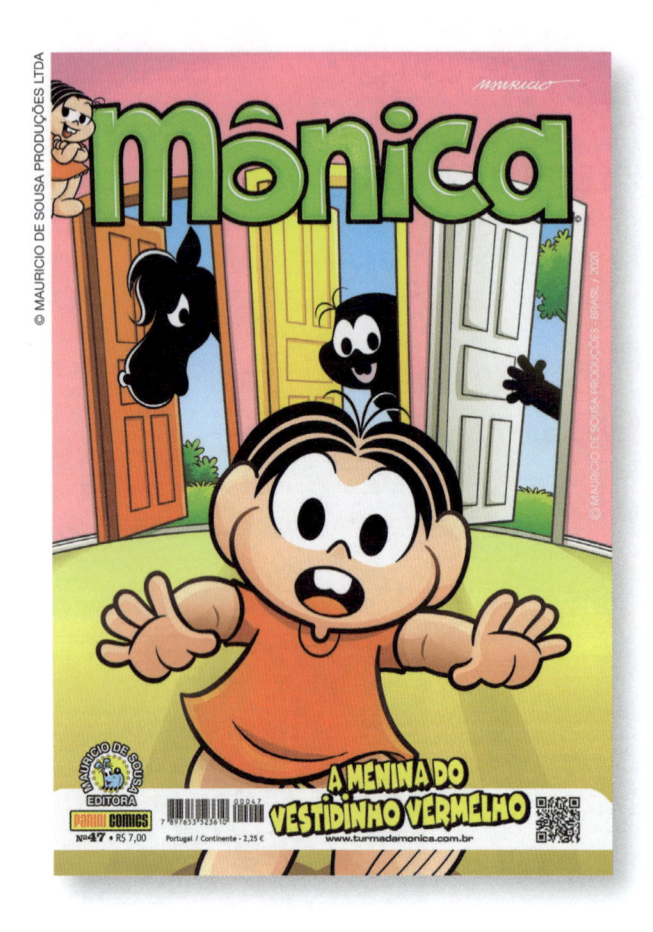

5. LEIA A CAPA DA REVISTA A SEGUIR.

- O NOME DA REVISTA É UM SUBSTANTIVO PRÓPRIO. QUE NOME É ESSE?

  _____

- NO TÍTULO DA REVISTA, QUE SUBSTANTIVO ESTÁ NO DIMINUTIVO?

  _____

- QUAL É A FORMA NORMAL DESSE SUBSTANTIVO?

  _____

6. JUNTE AS SÍLABAS DA MESMA COR E FORME PALAVRAS.

MOS	TI	QUE	TE	GUE
FA	LA	RA	QUI	GI
FO	GE	TO	NA	LE

_____

_____

- AGORA, LEIA AS PALAVRAS EM VOZ ALTA.

7. LEIA O TEXTO.

PASSEIO NO BOSQUE

ESTÁ UM LINDO DIA.

CAIO PASSEIA PELO PEQUENO BOSQUE.

ELE GOSTA DE FOTOGRAFAR AS FLORES COLORIDAS E AS BELAS ÁRVORES.

VOCÊ TAMBÉM GOSTA DE FOTOGRAFAR AS BELEZAS DA NATUREZA?

- NO TEXTO, HÁ UM SUBSTANTIVO PRÓPRIO. QUAL?

_____

- LEIA AS PALAVRAS DO QUADRO E, DEPOIS, FAÇA O QUE SE PEDE.

| LINDO DIA | PEQUENO BOSQUE |
| FLORES COLORIDAS | BELAS ÁRVORES |

SUBLINHE DE **AZUL** OS SUBSTANTIVOS.

SUBLINHE DE **VERMELHO** OS ADJETIVOS.

- AGORA, PINTE A CENA.

HORA DA HISTÓRIA

O LEÃO E O RATINHO

NUMA BELA MANHÃ DE SOL, O RATINHO CORRIA PELA FLORESTA À PROCURA DE ALIMENTO QUANDO, DISTRAÍDO, BATEU NO LEÃO, QUE ESTAVA DEITADO, DORMINDO.

— PERDÃO! PERDÃO! — PEDIU O RATINHO, MUITO ASSUSTADO, ESPERANDO QUE O LEÃO NÃO ACORDASSE DE MAU HUMOR.

— SE VOCÊ NÃO ME ESMAGAR, PROMETO SER ETERNAMENTE GRATO E AJUDÁ-LO SEMPRE QUE PUDER!

— ORA, ORA, ORA! — RESPONDEU O LEÃO, COM UMA GARGALHADA. — E PARA QUE EU, O REI DA FLORESTA, IRIA PRECISAR DE UM RATINHO COMO VOCÊ?

COMO O RATINHO TINHA FEITO O LEÃO DAR RISADA, ELE FICOU DE BOM HUMOR. POR ISSO, DEIXOU O PEQUENO ROEDOR IR EMBORA E VOLTOU A DORMIR.

Alguns dias mais tarde, o ratinho andava pela mesma trilha quando viu o leão se debatendo, preso numa rede. Quanto mais se agitava, mais preso ficava nas cordas da rede. Ele não conseguia se soltar e estava desesperado. Tinha caído na armadilha dos caçadores, que, logo, logo estariam ali para pegá-lo.

— Espere, eu vou roer a rede! — gritou o ratinho. E pôs-se a roer com toda a força que tinha.

Em poucos minutos, algumas cordas da rede arrebentaram e o leão conseguiu escapar. Finalmente, estava livre.

— Você me salvou! — disse o leão, emocionado. — De agora em diante, eu sempre o protegerei. Você me ensinou que até mesmo a menor das criaturas pode fazer uma grande diferença. Ninguém é tão forte que nunca precise de ajuda. Muito obrigado!

RENATA TUFANO.
VERSÃO DA FÁBULA DE ESOPO ESCRITA ESPECIALMENTE PARA ESTA OBRA.

HORA DA HISTÓRIA

ATIVIDADES

1. PINTE OS ANIMAIS QUE PARTICIPARAM DA HISTÓRIA.

ALBERTO DE STEFANO

- AGORA, ESCREVA OS NOMES DOS ANIMAIS QUE VOCÊ PINTOU.

_____

2. ESTES ADJETIVOS CARACTERIZAM AS PERSONAGENS DA HISTÓRIA.

PEQUENO   FORTE   FRACO   GRANDE

- CIRCULE OS ADJETIVOS QUE SE REFEREM AO LEÃO.

- SUBLINHE OS ADJETIVOS QUE SE REFEREM AO RATINHO.

3. TRACE O CAMINHO QUE O RATINHO FEZ.

4. O QUE ESSA HISTÓRIA ENSINOU PARA VOCÊ?

5. COLE OS ADESIVOS DA PÁGINA 271 SEGUINDO A ORDEM DOS ACONTECIMENTOS DA HISTÓRIA.

1

2

3

4

Conheça mais estas obras de DOUGLAS TUFANO

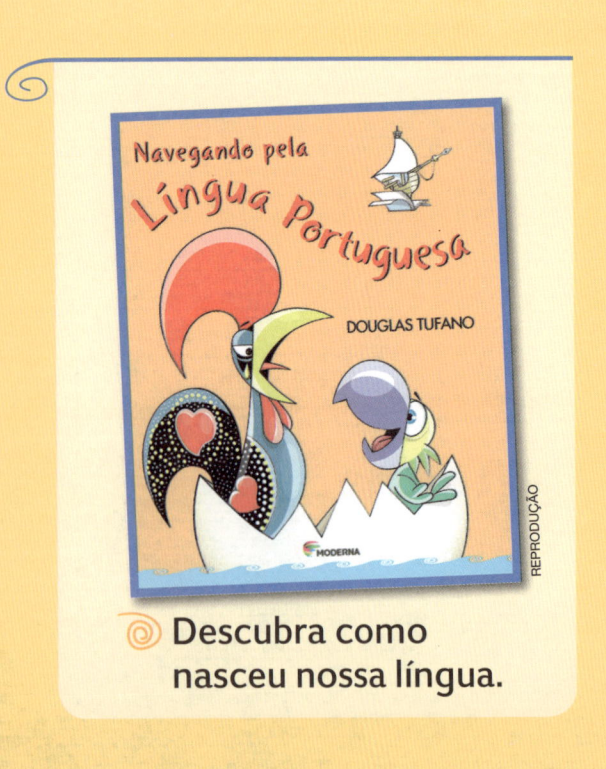

Saiba como nasceu o livro.

Um rico passeio pela cultura brasileira.

Descubra como nasceu nossa língua.

Contos poéticos dos indígenas do Brasil.

ADESIVOS

- DESTAQUE E COLE NA PÁGINA 12.

- DESTAQUE E COLE NA PÁGINA 14.

ADESIVOS

- DESTAQUE E COLE NA PÁGINA 22.

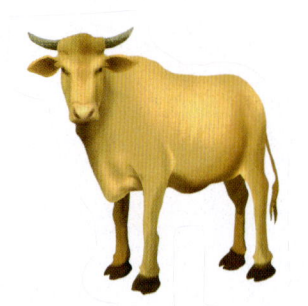

ILUSTRAÇÕES: ALBERTO DE STEFANO

- DESTAQUE E COLE NA PÁGINA 26.

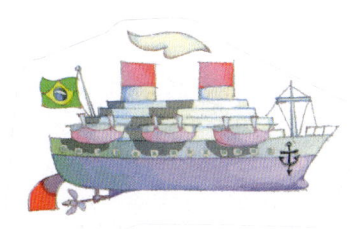

ILUSTRAÇÕES: VICTOR TAVARES

- DESTAQUE E COLE NA PÁGINA 33.

SAULO NUNES

- DESTAQUE E COLE NA PÁGINA 35.

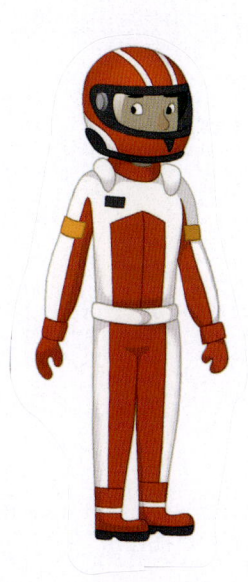

SAULO NUNES

ADESIVOS

- DESTAQUE E COLE NA PÁGINA 39.

ILUSTRAÇÕES: SANDRA LAVANDEIRA

- DESTAQUE E COLE NA PÁGINA 45.

- DESTAQUE E COLE NA PÁGINA 53.

ADESIVOS

- DESTAQUE E COLE NA PÁGINA 56.

- DESTAQUE E COLE NA PÁGINA 63.

- DESTAQUE E COLE NA PÁGINA 72.

- DESTAQUE E COLE NA PÁGINA 75.

- DESTAQUE E COLE NA PÁGINA 82.

ADESIVOS

- DESTAQUE E COLE NA PÁGINA 83.

- DESTAQUE E COLE NA PÁGINA 87.

ASTRONAUTA ROBÔ NAVE

- DESTAQUE E COLE NA PÁGINA 95.

- DESTAQUE E COLE NA PÁGINA 110.

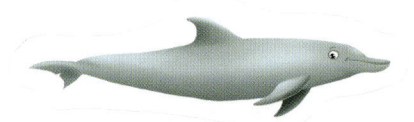

ILUSTRAÇÕES: SANDRA LAVANDEIRA

VICTOR TAVARES

SIMONE ZIASCH

ALBERTO DE STEFANO

- DESTAQUE E COLE NA PÁGINA 112.

ALBERTO DE STEFANO

- DESTAQUE E COLE NA PÁGINA 123.

ALBERTO DE STEFANO

- DESTAQUE E COLE NA PÁGINA 130.

SAULO NUNES

ADESIVOS

- DESTAQUE E COLE NA PÁGINA 141.

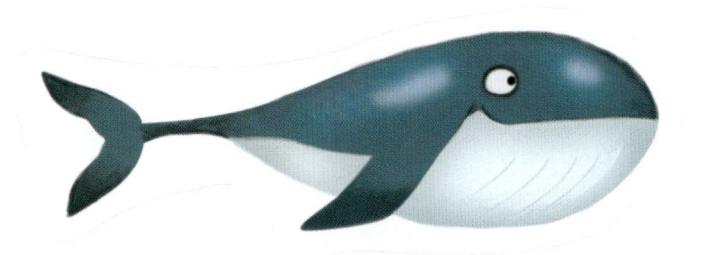

- DESTAQUE E COLE NA PÁGINA 148.

- DESTAQUE E COLE NA PÁGINA 154.

ADESIVOS

- DESTAQUE E COLE NA PÁGINA 171.

ILUSTRAÇÕES: BEATRIZ MAYUMI

- DESTAQUE E COLE NA PÁGINA 182.

TARTARUGA	TATU
LEBRE	CORUJA

- DESTAQUE E COLE NA PÁGINA 190.

- DESTAQUE E COLE NA PÁGINA 199.

- DESTAQUE E COLE NA PÁGINA 216.

ADESIVOS

- DESTAQUE E COLE NA PÁGINA 226.

ILUSTRAÇÕES: VICTOR TAVARES

- DESTAQUE E COLE NA PÁGINA 230.

E J L P

R W Z

- DESTAQUE E COLE NA PÁGINA 239.

ILUSTRAÇÕES: ALBERTO DE STEFANO